中野剛志

世界インフレと戦争

恒久戦時経済への道

GS
幻冬舎新書
676

はじめに――物価高騰が示す世界の歴史的変化

ただ一滴の水より、論理家は大西洋またはナイヤガラ瀑布など、見たり聞いたりしたことがなくても存在の可能なことを、推定しうるであろう。同様に、人生は一連の大きな鎖であるから、その本質を知ろうとすれば、一個の環を知りさえすればよいのである。[1]

これは、名探偵シャーロック・ホームズの言葉である。

推理小説における架空の人物の台詞であるから、もちろん誇張はある。とは言え、この言葉には、社会科学者や政策担当者にとって重要な教訓が含まれているように思う。

二〇二〇年代に入り、世界は、およそ四十年ぶりと言われる物価の高騰を経験することとなった。人々は食料品や燃料の値上げに苦しみ、企業経営者は仕入れ価格の高騰に悩み、投資家は金融市場の混乱に狼狽《うろた》えている。

だが、重要なのは、物価の高騰という目の前の現象に右往左往するよりも、その背後に存在するであろう問題の本質を見極めることである。

我々の日々の経済活動は、一国の経済という「一連の大きな鎖」のうちの一つである。そして、一国の経済は他の諸国の経済ともつながって、世界経済を構成している。さらに、経済は、自然、政治、外交、社会、文化そして思想とも結び付いて、「一連の大きな鎖」となっている。「一連の大きな鎖」の動きは「一個の環」を動かし、「一個の環」の動きは「一連の大きな鎖」を動かす。

もし、この「一連の大きな鎖」を熟知した社会科学者がいたとしたら、その者は、日々の物価の変動からも、世界の動きを推定しうるのではないだろうか。

そのような推定を可能にするためには、経済学を知っているというだけでは到底足りない。政治学、社会学、地理学、人口学、歴史学さらには自然科学にまで及ぶ包括的な知見が必要になるであろう。逆に言えば、人間世界というものを総合的に洞察する力がなければ、物価という身近な問題すら、まともに理解することはできないということである。

本書の目的は、二〇二〇年代に入って発生した物価の高騰という現象から、世界の構造に極めて重大な変化が起きていることを世に知らしめることにある。それは、歴史的な変化と言っても過言ではない。我々は、ただ食料品や燃料の値上げに直面しているのではなく、世界の一大転換点に立ち会っているのだ。

では、この物価の高騰が示す世界の歴史的な変化とは、何か。あらかじめ結論を言えば、グローバリゼーションが終わったということである。

では、グローバリゼーションはどのようにして終わったのか。

そもそも、なぜ、物価の高騰はグローバリゼーションの終焉を意味するのか。

そして、グローバリゼーションが終わった後の世界は、どうなるのか。

さらに、そういう世界にあって、我々は何をなすべきか。

本書は、こういった大きな問題を設定し、それに答えていこうとするものである。そして、その答えは、ほとんどの読者にとっては、予想外のものとなるであろう。

さて、準備はできたであろうか？

それでは、読み始めてもらいたい。

まずは「グローバリゼーションの終焉」についての分析からである。

世界インフレと戦争／目次

編集協力　大畑峰幸
DTP・図版作製　美創

第一章　グローバリゼーションの終焉

ロシアのウクライナ侵攻で迎えた終焉

資産運用で世界最大手のブラックロックのCEOラリー・フィンクは、二〇二二年三月二十四日付の株主宛の書簡に、「ロシアのウクライナ侵攻で、我々が過去三十年にわたり経験してきたグローバリゼーションは終わりを迎えた」と記した。[1] EU（欧州連合）のジェンティローニ欧州委員も同年四月二十一日の講演[2]で「この危機（ウクライナ戦争）は、我々の知っているグローバリゼーションの終わりを意味する」と発言した。

ノーベル経済学賞を受賞した著名な経済学者ポール・クルーグマンもまた、ニューヨーク・タイムズ紙（同年三月三十一日付）で、「我々は、一九一四年（鉄道、蒸気船、電信ケーブルによる第一次グローバリゼーションが終焉した年）の経済的な再現を見ていると言ってよい」と指摘した。[3]

ウクライナ侵攻をもって、グローバリゼーションは終わった。これは、もはや世界のエリートたちの共通認識だと言ってよい。今では、グローバリゼーションの終焉を宣告するのはナショナリストに限られなくなった。

例えば、リベラル派の論者であるロバート・カトナーは、同年五月にこう書いている。「ハイパーグローバリゼーションは、死んだ。中国の台頭、サプライチェーンの崩壊、新型コロナウイルスのパンデミック、ロシアのウクライナ侵攻、そして超自由貿易は主に金融エリートのために設計されたということがやっと認識されるようになったことで、殺されたのである[4]」

アダム・ポーゼンのようなグローバリストの経済学者ですら、このウクライナ侵攻とそれに伴う経済制裁は「すでに進んでいたグローバリゼーションの溶解という巨大なインパクトをもつプロセスを加速させるだろう[5]」と書かざるを得なかった。

我々は、過去三十年にわたり、グローバリゼーションを前提としてきた。その前提が崩れたのだ。これからの国家政策は、これまでの三十年とはまったく異なる、それどころか正反対のものにならなければならないはずだろう。

ところが、我が国のエリートたちは、この期に及んでもなお「グローバリゼーションは終わった」と公に認めることすらできずにいる。グローバリゼーションを疑ってはならない前提とし、グローバリゼーションへの対応以外の政策を知らずに三十年も過ごしてきたものだから、今さらそれを前提にするなと言われても、どうしてよいか分からず、途方に暮れるしかないのだろう。

だが、ロシアのウクライナ侵攻が、突然、グローバリゼーションを終わらせたというわけではない。ポーゼンが「すでに進んでいたグローバリゼーションの溶解」と書いているように、グローバリゼーションの終焉は、ウクライナ侵攻の前から始まっていたのである。

終わりの始まりは二〇〇八年の金融危機

では、グローバリゼーションの終わりは、いつから始まっていたのか。これについても、世界の有識者たちの認識はほぼ一致していると思う。それは、二〇〇八年の世界金融危機（「リーマン・ショック」）である。

グローバリゼーションとは、貿易、投資、人、情報、技術、思想の国境を越えた移動が活発になることを意味している。グローバリゼーションの進展度合いは、世界の貿易開放度（世界のGDPに占める輸出入の合計の比率[6]）によって、おおむね計測できる[7]（図表1－1）。その世界の貿易開放度は、一八七〇年には一七・六％であったが、一九一三年にはおよそ二九％にまで上がっている。これが、クルーグマンも言及していた「第一次グローバリゼーション」である。しかし、この第一次グローバリゼーションは、一九一四年に勃発した第一次世界大戦によって終焉を迎えた。そして世界恐慌や第二次世界大戦を経て、世界の貿易開放度は一九四五年には一〇・一％にまで低下した。

第二次世界大戦後、世界経済は再び統合されると、世界の貿易開放度は一九八〇年には三九・五％にまで上昇した。とりわけ、一九八〇年代以降、自由放任こそが経済的繁栄を約束すると唱える新自由主義（市場原理主義）のイデオロギーが台頭して、規制緩和や自由化が進められ、さらに一九八九年に冷戦が終結したことで、グローバリゼーションは急速に進展した。

図表1-1　グローバリゼーションは第二次世界大戦以来、初めて後退

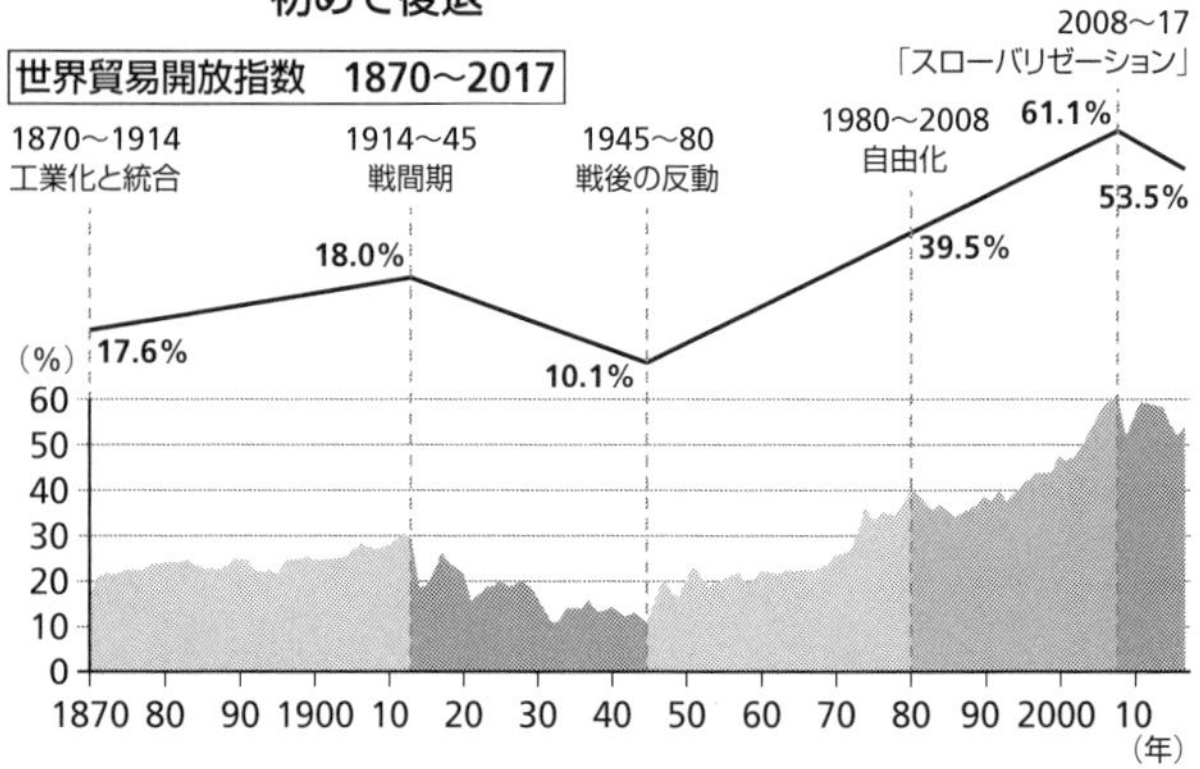

出典：Douglas A. Irwin, 'The Pandemic Adds Momentum to the Deglobalization Trend', April 23, 2020, Peterson Institute for International Economics.
https://www.piie.com/blogs/realtime-economic-issues-watch/pandemic-adds-momentum-deglobalization-trend

その結果、二〇〇八年の貿易開放度は六一・一%にまで達したのである。

特に、冷戦終結以降のグローバリゼーションは「第二次グローバリゼーション」とされる。カトナーが言及したように「ハイパーグローバリゼーション」と呼ばれることもある。これが、フィンクが「我々が過去三十年にわたり経験してきた」と言い、ジェンティローニが「我々の知っている」と言い添えた「グローバリゼーション」のことである。

振り返ってみれば、二〇〇八年はグローバリゼーションのピークであった。リーマン・ショックがグローバリゼーションを頓挫させたのだ。しかも、これは一時的な断絶ではなかった。リーマン・ショックが収束した後も、世界の貿易開放度はかつての水準へと戻らず、

むしろ下降したのである。この二〇〇八年以降の世界の貿易開放度の低下は、「デ・グローバリゼーション（グローバル化の逆行）」、あるいはより控えめに「スローバリゼーション（グローバル化の鈍化）」と呼ばれている。二〇一九年の世界経済の成長率は、ついに二〇〇八～二〇〇九年以降最低の水準にまで落ち込んだ。

二〇二〇年の新型コロナウイルスのパンデミックは、すでに進んでいたスローバリゼーションに追い打ちをかけたに過ぎない。だから、このパンデミックが終息したとしても、グローバリゼーションは戻ってこないのだ。「我々が過去三十年にわたり経験してきたグローバリゼーション」は、二〇二二年ではなく、二〇〇八年にはすでに終わっていたのである。

では、「我々が過去三十年にわたり経験してきたグローバリゼーション」は、どのようにして始まり、そして終わったのか、振り返っておこう。

一九八九年にベルリンの壁が崩壊して冷戦が終結し、一九九一年にはソヴィエト連邦が解体された。すると、アメリカは、世界の単独の覇権国家になったと信じ、その比類なきパワーによって、リベラルな国際政治経済秩序を建設しようと企てたのである。このポスト冷戦のアメリカの戦略は、「リベラリズム」という理論に基づいていた。

ここで言う「リベラリズム」とは、アメリカの国際政治経済学の二大潮流のうちの一つの理論を指す。ちなみに、もう一つの潮流は、「リアリズム」と呼ばれている。

「リベラリズム」とは、簡単に言うと、民主主義や貿易の自由などの普遍的な価値観を広め、国際的なルールや国際機関を通じた国際協調を推し進めれば、平和で安定した国際秩序が実現するという理論である。

例えば、民主国家の国民は戦争に反対するから、民主国家同士は戦争には踏み切らないだろう。よって、世界の民主化を進めるべきである。あるいは、自由貿易により各国の相互依存関係が深まった世界では、戦争による貿易の断絶は大きな被害をもたらす。だから、貿易自由化を進めれば戦争は起きにくくなるだろう。これが、リベラリズムの論理である。

ただし、非民主国家の民主化であれ、貿易の自由化であれ、それを推進するには、他国に民主化や貿易自由化を強いる覇権国家のパワーが必要である。また、リベラルな国際秩序や国際ルールを策定し維持するためにも、その守護神としての覇権国家の存在が不可欠だ。こうしたことから、リベラリズムは、その理念を実行する段階で、ほぼ必然的に覇権国家と結び付き、「リベラル覇権戦略」の形となって現れる。

アメリカは、ポスト冷戦の戦略として、このリベラル覇権戦略を採用したのである。それが特に顕著になったのは、一九九七年の第二次ビル・クリントン政権からである。当時の国務長官マデレーン・オルブライトが、アメリカを「不可欠な国（indispensable nation）」と誇らしげに呼んだのは有名である。アメリカの覇権的なパワーを使えばリベラルな世界を実現できると信じたオルブライトたちは、コソヴォ紛争に積極的に介入し、NATO（北大西洋条約機構）の東方拡大（東ヨーロッパ諸国のNATO加入）を推し進めた。経済的にも、アメリカは貿易や金融の自由化などを推進し、中国のWTO（世界貿易機関）への加盟を後押しした。「第二次グローバリゼーション」は、こうして始まったのである。

最初から破綻していた、リベラリズムという論理

グローバリゼーションというのは、一般に信じられているように、歴史の潮流や市場経済の原理によって自然発生的に起きるのではない。それは、国家の政治的意志に基づく戦略の産物なのだ。十九世紀後半からの第一次グローバリゼーションは当時の覇権国家である大英帝国なしにはあり得なかった。それと同様に、一九九〇年代以降の第二次グローバリゼーションは、ポスト冷戦のリベラル覇権戦略をとったアメリカが創造したものなのだ。

過去三十年間、アメリカの歴代政権は、民主党か共和党かを問わず、リベラル覇権戦略を踏襲し、推進してきた。そのリベラル覇権戦略を基盤として、グローバリゼーションもまた進展してきた。

しかし、アメリカのリベラル覇権戦略の基礎にあるリベラリズムという論理は、リアリストたちが批判したように、最初から破綻していたのである。

例えば、リベラリズムは、世界が民主化すれば平和になると想定している。しかし、歴史的に見て、民主国家であれば戦争を起こさないなどとは言えない[8]。また、非民主国家を民主化するのは極めて困難であり、多くの場合は失敗し、かえって秩序のさらなる不安定化を招いている[9]。

自由貿易による経済的相互依存が戦争を抑止するなどという話も、歴史によって反証されている。例えば、二十世紀初頭、イギリスとドイツは高度な経済的相互依存関係にあったにもかかわらず、第一次世界大戦に突入した。あるいは一九三〇年代、日米関係は悪化していったが、日本のアメリカへの輸出は一九四一年までほとんど影響を受けなかったのだ[10]。

そして、リベラリズムがはらむ最大の問題は、アメリカのパワーを過大評価したところにあった。すでに述べたように、民主化や貿易自由化といったリベラルな政策を押し付けたり、リベラルな国際ルールの策定・維持を主導したりするには、覇権国家の強大なパワーが不可欠である。一九九〇年代初頭、アメリカは、ソ連の崩壊により、一極主義的な覇権国家になったと錯覚した。しかし、リアリストたちの診断によれば、実際のアメリカには、そこまでの強大な覇権的パワーはなかった。にもかかわらず、リベラル覇権戦略によって世界中に手を伸ばし過ぎれば、いずれ疲弊して、アメリカは衰退してしまうだろう。いわゆる「オーバー・ストレッチ（過剰拡張）」論である。要するに、リベラル覇権戦略は、自己破壊的だということだ。

リアリストたちは、このようにして、ポスト冷戦のアメリカのリベラル覇権戦略を批判してきたのだが、いかんせん少数派に過ぎなかった。彼らの警鐘は、アメリカの主流派のエリートたちによって黙殺されてきた。

ところが、アメリカのリベラル覇権戦略は、リアリズムの理論通りに、次第に破綻していったのである。例えば、ジョージ・W・ブッシュ政権は、二〇〇三年、イラクや中東の民主化を掲げて、イラク戦争を引き起こした。その結果、中東はパワー・バランスが崩れてかえって混乱し、民主化どころではなくなった。そして、中東の泥沼に引きずり込まれたアメリカは、著しく疲弊した。ちなみに、ジョン・ミアシャイマーやスティーブン・ウォルトあるいはブレント・スコウクロフトといったリアリストたちは、イラク攻撃に強く反対していた。

「中国の平和的な台頭」などあり得なかった

また、冷戦終結後のアメリカは、中国のWTOへの加盟に協力した。中国をリベラルな国際経済秩序に組み入れ、その恩恵を享受させれば、中国は、リベラルな国際経済秩序を尊重するようになる。中国は経済発展を遂げるだろうが、平和的に台頭するだろう。そして、いずれは民主化するに違いない。リベラリズムを信奉するアメリカの主流派のエリートたちは、そう思い込んでいた。

　これに対して、リアリストたちは、中国は必ずアメリカと衝突すると警鐘を鳴らしていた。例えばミアシャイマーは、二〇〇一年に発表した『大国政治の悲劇』[11]の中で、次のように論じていた。そもそも大国というものは、自国の安全保障を確保するために、地域内にライバルのいない「地域覇権国」となることを目指して勢力を拡大するものである。この理論に従えば、今後、リベラリズムが期待するように、中国が平和的に台頭するようなことは、あり得ない。中国は、必ずや東アジアにおける地域覇権国を目指すであろうし、その障害となるアメリカや日本との衝突は不可避である。ミアシャイマーは、およそ二十年前からそう予測していた[12]。

　二〇一〇年には、アメリカ海軍大学教授のトシ・ヨシハラとジェイムズ・R・ホームズが『太平洋の赤い星』[13]を著し、中国は、グローバリゼーションによって平和的になるのではなく、逆に海軍力を拡張していると警鐘を鳴らした。その翌年には、国際政治学者のアーロン・フリードバーグが『支配への競争』[14]を発表し、中国とアメリカがアジアの覇権を巡って争うであろうという予測を示した。

　中国に関してリベラリズムとリアリズムのいずれが正しかったのか。我々はすでに知っている。

　二〇〇一年にＷＴＯに加盟した中国は、二〇〇〇年代、年率一〇％以上の成長率でＧＤＰを拡大させ、同時に、そのＧＤＰ成長率を上回る比率で、軍事費を増加させ続けたのである。そして習近平政権は、中国が経済発展とともに民主化するというリベラリズムの期待を見事に裏切って、権威主義体制を強めるに至った。

ところが、バラク・オバマ政権下のアメリカは、二〇一〇年から一七年まで、軍事費を削減し続けていた。二〇一五年に至ってもなお、オバマ政権の「国家安全保障戦略[15]」は、「合衆国は、安定的、平和的で繁栄した中国の台頭を歓迎する。我々は、両国国民に利益をもたらし、アジアそして世界の安全と繁栄を促進するような、中国との建設的な関係の発展を追求する」などと呑気なことを書いていた。

その結果、アメリカと中国の軍事費の比率は、二〇〇〇年には十一対一もあったのに、二〇一二年には五対一にまで縮み、さらに二〇一九年には三対一にまで迫った。この「三対一」という比率は、地政学的に言えば、東アジアのパワー・バランスを崩すのに十分である。なぜならば、アメリカは太平洋を越え、あるいはグアムや沖縄など点在する基地から戦力を投射しなければならないが、中国は自国の周辺に戦力を展開すればいいだけだからだ。また、アメリカはヨーロッパや中東などグローバルに戦力を展開しなければならないが、中国は東アジアに集中できる。しかも、アメリカにとっての最重要地域は西半球であるが、中国にとっての最重要地域は東アジアであるから、中国の方がアメリカよりも高いリスクとコストを負う用意がある。東アジアのパワー・バランスは、中国優位へと傾いたのである[16]。こうして軍事力に自信をつけた中国は、台湾併合への野心を鮮明にし、東シナ海や南シナ海において周辺国との領土紛争を繰り返すようになった。

東アジアの地政学的均衡を崩した、アメリカの失敗

以上のような変化を背景に、アメリカは、二〇一〇年代後半から、中国の台頭に対する警戒をあらわにし、対決姿勢を鮮明にするようになった。

例えば、二〇一八年、アメリカ議会の諮問による国防戦略委員会の報告書[17]は、もしアメリカが台湾を巡って中国と交戦状態になったら敗北するだろうと指摘した。二〇二〇年のアメリカ国防総省の年次報告[18]は、中国の軍事力が、すでにいくつかの点においてアメリカを凌駕していることを率直に認めた。その翌年の三月九日、米インド太平洋軍のフィリップ・デービッドソン司令官は、上院軍事委員会の公聴会で、今後六年以内に中国が台湾に侵攻する可能性があると証言した[19]。さらに、彼の後任のジョン・アキリーノは、上院軍事委員会の指名承認公聴会で、中国による台湾侵攻は、大半の人々が考えているよりもはるかに切迫していると述べ、デービッドソンよりもさらに強い危機感を表明した[20]。

中国による台湾侵攻についてのアメリカ軍司令官たちの懸念は、二〇二二年八月二日に、アメリカ議会下院議長のナンシー・ペロシが台湾を訪問したことで、世界中に可視化された。ペ

ロシ訪台に反発した中国は、台湾を包囲するような形で大規模な軍事演習を実施し、台湾そしてアメリカとその同盟国を威嚇したのである。

中国と台湾の間の危機は、一九九六年にもあった。この年、台湾で総統選挙が行われたが、この時も中国は大規模な軍事演習を行って、台湾を威嚇した。これに対して、アメリカは台湾海峡に空母インディペンデンスをはじめとする艦船を派遣して中国を強く牽制し、危機を収束させた。しかし、この一件を屈辱に感じた中国は、それ以来、軍事力の拡大を強力に推し進めたのである。

その結果、現在の東アジアにおける米中の軍事バランスは、一九九六年当時とはまるで違うものになってしまった。

報道[21]によれば、ワシントンで安全保障の専門家たちが集まって行った、ある非公式のシミュレーションは、もし二〇二六年に中国が台湾に侵攻し、アメリカがそれを阻止しようとしたら、台湾・アメリカ側は勝利するにしても、台湾経済の崩壊に加え、アメリカ軍も四週間の戦闘で保有する戦闘機の半分（九〇〇〇機）以上を失うなど、多大な損害を被ることになるとしている。

一見すると、二〇一八年の国防戦略委員会の報告書に比べれば、まだアメリカの優位を確信しているかに思えなくもない。しかし、問題は、アメリカ国民が台湾の紛争で生じる莫大な損害に耐えられないだろうという点にある。というのも、イラク戦争以降の中東の混乱で疲弊し切ったアメリカ国民は、著しく内向きになっているからである。例えば、ユーラシア・グループが二〇一九年に行った世論調査[22]によると、「近年の中国のパワーの著しい増大に対して、アメリカの対中政策はどうあるべきか」という問いに対し、「アジアにおける軍事プレゼンスを削減すべき」という回答が六割近くとなり、特に民主党支持者が多かったのである。

こうなったのは、何度強調しても足りないが、アメリカが一九九〇年代以降、遂行してきたリベラル覇権戦略の失敗のゆえである。リベラル覇権戦略は、アメリカの国力を相対的に弱体化させ、アメリカ国民を内向きにしただけではなく、中国を経済的さらには軍事的に膨張させて、東アジアの地政学的均衡を崩したのである[23]。

この自らの首を絞めるようなアメリカのリベラル覇権戦略には、アメリカの同盟国たる日本も大いに加担している。例えば、日本政府は、二〇〇三年のイラク攻撃に賛成し、協力したのである。政府のみならず、岡崎久彦、北岡伸一、中西寛といった多くの影響力ある知識人や財界人も、賛成した[24]。日本は自国の安全保障をアメリカに依存している以上、イラク攻撃に反対することなどできないという判断だったのであろう。あるいは、アメリカのリベラル覇権が続くものと信じていたのであろう。しかし、そのイラク戦争がアメリカ覇権の凋落を加速させ、ひいては、アメリカ覇権に依存する日本の安全保障をも脅かす結果となったのである。

ウクライナ侵攻もリベラル覇権戦略破綻の結果

現在のロシアによるウクライナ侵攻もまた、ポスト冷戦期におけるリベラル覇権戦略の失敗という大きな文脈の中に置いて考えなければならない。

すでに述べたように、一九九〇年代以降のアメリカのリベラル覇権戦略の一つに、ＮＡＴＯの東方拡大があった。このＮＡＴＯの東方拡大が始まった当時、かつてソ連封じ込めを構想した伝説的な戦略家であるジョージ・ケナンは、ニューヨーク・タイムズ紙（一九九七年二月五日付）に寄稿し、これを強く批判した。当時、九十二歳になっていたケナンは、「ＮＡＴＯの拡大は、ポスト冷戦時代全体を通じて、アメリカの政策の最も致命的な過ちとなるであろう」と嘆き、「このような決定は、ロシアの世論の国粋主義的、反西洋的、軍国主義的傾向を助長し、ロシアの民主主義の発展を逆行させ、東西冷戦の雰囲気を復活させ、ロシアの対外政策の方向性を我々の望まない方向へと向かわせるだろう」と予言した。恐るべき洞察力である。だが、当時の国務長官オルブライトは、ケナンの警告を無視し、ＮＡＴＯの東方拡大に乗り出した。アメリカの歴代政権も、これを踏襲した。

さらに、オバマ政権は、二〇一四年、ウクライナにおいて親露派のヤヌコヴィッチ政権に対する抗議運動が起きた際、親米派政権の樹立を企てて、抗議運動を支援した。これがロシアを刺激し、ロシアはクリミアを奪取したのである。当時、アメリカの国務次官補であったビクトリア・ヌーランドがウクライナに親米政権を樹立させようと画策していたことが、電話記録の流出により暴露されている。ところが、バイデン政権は、よりによって、このヌーランドを国務次官に任命したのである。この時点で、ウクライナ侵攻は、プーチン大統領のスケジュールに入ったも同然だった。ちなみに、NATOの東方拡大に先鞭《せんべん》をつけた責任者のオルブライトは、ウクライナ侵攻から約一カ月後の三月二十三日に、この世を去っている。

したがって、ロシアによるウクライナ侵攻は、アメリカのリベラル覇権戦略の破綻を示すものと理解しなければならない。このウクライナ侵攻により、ヨーロッパ周辺の地政学的情勢は著しく不安定化し、アメリカはそのパワーをユーラシア大陸の西側にも割かなければならなくなった。その分だけ、中国に対抗するパワーは減殺される。結果的に、東アジアの地政学的不安定化は、さらに深刻になるだろう。

金融危機、格差拡大、排外主義の高まり

アメリカのリベラル覇権戦略は、地政学的に挫折しただけでなく、経済的にも派手な失敗を引き起こした。

リベラリズムの論理によれば、グローバリゼーションは、経済的繁栄を約束するはずのものであった。しかし、金融市場のグローバリゼーションは、金融資産バブルを発生させたに過ぎ

なかった。バブルで膨張する債務に依存して拡大した消費が経済成長を牽引したので、人々はグローバリゼーションが成功したものと錯覚したのである。しかし、そのような偽りの繁栄は、金融資産バブルが崩壊すれば終わる。実際、金融市場のグローバリゼーションは、アジア通貨危機やITバブル崩壊のように金融危機を頻発させたが、その最悪のものが二〇〇八年のリーマン・ショックである、それ以降、世界経済は停滞し、グローバリゼーションはスローバリゼーションへと転じたことはすでに述べた。

さらに、グローバリゼーションは、先進諸国、特にアメリカ国内の労働者に打撃を与え、所得格差を著しく拡大させていたことも明らかとなった。とりわけ、二〇一六年に経済学者デイヴィッド・オーターたちが発表した「チャイナ・ショック」という論文[25]は、大きな話題となった。それによると、一九九九年から二〇一一年の間に、中国からの輸入によって、アメリカの雇用がおよそ二四〇万人も失われたというのである。経済学の貿易理論によれば、自由貿易は貿易当事国双方に恩恵を与えるものとされていたが、オーターらの実証分析はそれを否定したのだ。ドナルド・トランプは二〇一六年の大統領選の際、中国に雇用を奪われていると喧伝し、経済学者たちからデマゴーグとして非難されていたが、この点に関してはトランプの方が正しかったのである。

中国との自由貿易で雇用を奪われたアメリカ国民は、中国を敵視するようになった。ピューリサーチセンターの世論調査(26)によれば、二〇一二年を境として、アメリカ国民の反中感情が親中感情を上回っている。トランプ政権が中国に対する強硬姿勢や保護主義的な姿勢を鮮明にし、バイデン政権もこれを引き継いだが、それも当然であった。こうして自由貿易は米中対立を深刻化させ、かえって保護主義を招くという皮肉な結果となった。

同じことは、人のグローバリゼーションについても言える。アメリカやヨーロッパで起きている排外主義的なポピュリズムの高まりは、移民労働者などのグローバリゼーションが招いたものだ。例えば、二〇一六年のイギリスのEU離脱（ブレグジット）の決定は、EUの東方拡大によって東ヨーロッパから低賃金労働者が流入し、イギリスの賃金を押し下げたことが主な原因である。

物価高騰は一時的な現象では終わらない

こうして、各国の国民が内向きになれば、アメリカはリベラル覇権戦略をとりようがなくなる。そして、リベラル覇権戦略が放棄されれば、リベラル覇権戦略を基盤として成り立っていたグローバリゼーションもまた、終わりを迎えるのは当然であろう。

クルーグマンは、先に引用したニューヨーク・タイムズ紙のコラムにおいて「我々は、（第一次グローバリゼーションを終わらせた）第一次世界大戦の教訓を学び直しているところだ。

すなわち、グローバリゼーションの恩恵は、戦争の脅威や独裁者の気まぐれによって常に危険にさらされる。世界をより豊かにしたければ、より安全にしなければならない」と書いた。だが、そんなことは歴史から教訓を得るまでもないだろう。世界が地政学的に不安定になれば、グローバリゼーションどころではないのは当然だ。グローバルなサプライチェーンの展開などというものは、世界が安全だったからできた話に過ぎない。

グローバリゼーションの恩恵（それが本当に「恩恵」なのかは疑問だが）の一つとして言われてきたのは、国境の壁が低くなったことで、安価な製品・サービスや労働力が豊富に手に入るようになったということである。そうであれば、技術であれ、エネルギーであれ、食料であれ、国家が自給しようとすることなど馬鹿げているということになる。「必要なら、外から買ってくればいいではないか」というわけだ。

しかし、もはやそういう考えは通用しなくなったことを、我々はウクライナ侵攻を契機とした原材料やエネルギーあるいは食料の価格高騰、そしてそれらが引き起こしたインフレーションによって目の当たりにしている。ウクライナ戦争だけが物価高騰の原因であるならば、戦争が終結すれば、インフレも終わるのかもしれない。しかし、これまで説明してきたように、ウクライナ戦争は、リベラル覇権戦略の破綻という氷山の一角に過ぎないのである。リベラル覇権戦略が破綻したならば、食料、原材料、エネルギーが容易に手に入れられたグローバリゼーションの時代は完全に過去のものとなる。

したがって、現下のインフレは一時的な現象では終わらないと考えた方がよい。仮にウクライナ戦争が終結するなどして、食料やエネルギーの供給が再開され、物価が下落したとしても、地政学的リスクのホットスポットは世界中にあるのだ。

いや、インフレだけで済めばまだよい。例えば、台湾有事ともなれば、シーレーン（戦略的に重要な海上交通路）は封鎖され、食料やエネルギーが物理的に日本に届かなくなるという事態に陥るだろう。台湾有事のリスクは、ウクライナ戦争とも連動していると考えた方がよい。というのも、中国はウクライナ戦争を見て、アメリカは核を保有する大国との戦争は避け、介入するとしてもせいぜい経済制裁と武器供与ぐらいだと確信しただろうからだ。

防衛費を抑制し続けた二〇一〇年代の日本

そういう事態を避けたければ、遅くとも二〇〇八年頃には、リベラル覇権戦略が破綻した後の世界を見据えた国家戦略へと転換し、それを十年かけて進めておくべきであっただろう。

だが、二〇一〇年代の日本は、その逆をやっていた。

グローバリゼーションは不可逆と信じて海外市場の獲得に邁進し、エネルギーや食料の安全保障を軽んじ続けた。しかも、中国が軍事費を十年間で倍増させている中、防衛費を抑制し続

図表1-2　日本と中国の軍事支出（1990〜2020）

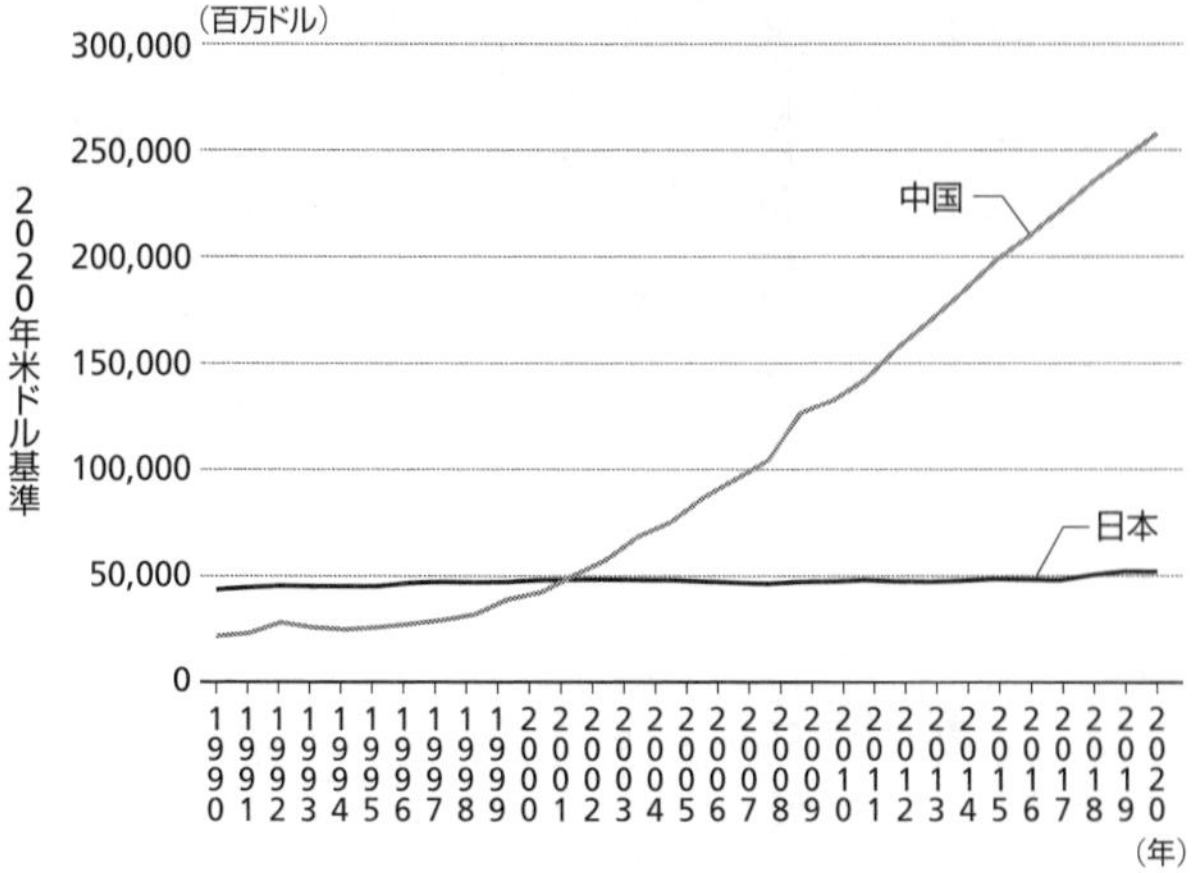

出典：SIPRI Military Expenditure Database, https://milex.sipri.org/sipri

図表1-3　日中の駆逐艦搭載VLSセル数とVLS総セル数（1990-2020）

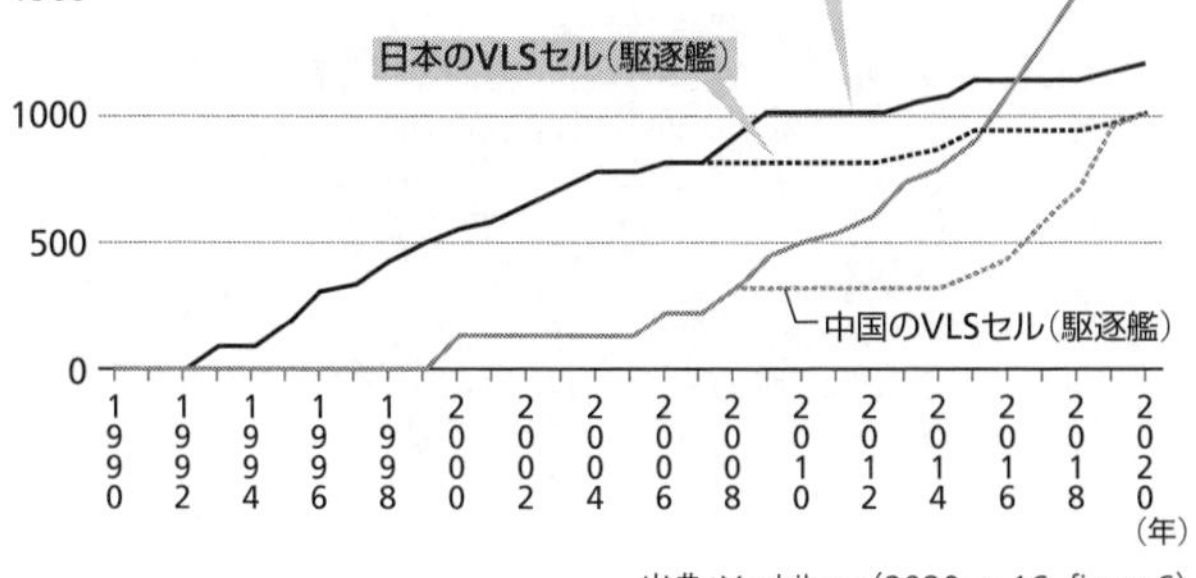

出典：Yoshihara（2020: p.16, figure6）

けたのである（図表1－2）。

二〇二〇年五月、トシ・ヨシハラは、「過去十年間で、中国海軍は、艦隊の規模、総トン数、火力等で、海上自衛隊を凌駕した」とする分析[27]を公表し、「今日の中国の海軍力は十年前とは比較にならない。中国海軍に対する従来の楽観的仮定はもはや維持不可能である」と指摘した。例えば、一九九〇年代前半時点で、日本は主要な水上戦闘艦の数と性能の点で中国を圧倒していたが、二〇二〇年時点において、中国海軍は、海上自衛隊の二・五倍の主要な水上戦闘艦を保有するに至っている。また、火力に関しても、海上自衛隊は中国海軍より約十年早くＶＬＳ（垂直発射システム）を導入したにもかかわらず、中国海軍は、二〇一七年までにＶＬＳセルの総数で海上自衛隊を超えた。二〇二〇年には、中国海軍のＶＬＳセルの総数は海上自衛隊よりも七五％も多くなった（図表1－3）。ヨシハラは、中国の政治家や軍の指導者は自国の軍事的優位に自信をもつに至っており、今後、尖閣諸島など局地的な紛争において攻勢的な戦略を採用するであろうと予測している。

世界情勢の変化を把握せず、安全保障を軽視

それにしても、この過去十年間、なぜ、日本は防衛費を抑制し続けてきたのか。その理由の第一は、財政破綻を懸念して、安全保障よりも財政健全化を優先させたからである。第四章で

説明するが、自国通貨を発行する国家である日本が財政破綻することなどあり得ないにもかかわらずだ！[28]

それ以前に、そもそも安全保障は国家の最優先課題だというのは、財政に関する立場にかかわらず共有されるべき常識であろう。仮に日本が財政危機なのだとしても、安全保障の強化が早急に必要とあらば、その財源は他国から借りてでも調達しなければならないのである。国家というものは、財政破綻しても消滅することはないが、侵略されたら消滅するからである。

もっとも、二〇一〇年代の日本が安全保障を軽視していたと言うと、違和感を覚える者もいるかもしれない。なぜなら、二〇一二年に成立した第二次安倍晋三政権は、憲法違反との批判にもかかわらず、集団的自衛権の行使を可能にする法整備を強行したことなどから、いかにも安全保障を重視していたように見えるからだ。

しかし、集団的自衛権の行使を可能にしたといっても、しょせんは、アメリカの軍事力が日本の安全を保障することを前提としているに過ぎない。問題の本質は、アメリカの覇権が後退して、東アジアの軍事バランスが崩れたために、アメリカの軍事力に日本の安全保障を委ねられなくなりつつあるというところにある。そういう深刻な事態が進んでいる状況下にあって、日米同盟の強化のみに邁進し、防衛費を抑制し続けたのが安倍政権である。これまでとは異なり、自国の防衛をアメリカに頼れなくなる世界になりつつあるのに、その厳しい現実から目を逸らし続けていたのである。

ちなみに、第一次安倍政権が集団的自衛権の行使について議論するために二〇〇七年に設置し、第二次安倍政権下の二〇一三年に再開された「安全保障の法的基盤の再構築に関する懇談会」には、岡崎久彦、北岡伸一、中西寛が含まれていた。彼らが二〇〇三年のアメリカによるイラク攻撃を支持していたというのは、象徴的である。要するに、安倍政権は、アメリカのリベラル覇権が自滅していくという世界情勢の大きな変化をまったく把握していなかったということだ[29]。

日本が自国の安全保障を軽んじて防衛費を抑制してきた理由は、もう一つある。自由貿易が平和をもたらすというリベラリズムのイデオロギーを固く信じていたのである。

以下に引用するのは、安倍首相がＴＰＰ（環太平洋経済連携協定）への交渉参加を宣言した際（二〇一三年三月十五日）の発言である。少し長くなるが、二〇一〇年代の我が国の世界認識と戦略観をよく表しているので、改めて確認しておく価値がある。

ＴＰＰの意義は、我が国への経済効果だけにとどまりません。日本が同盟国である米国とともに、新しい経済圏をつくります。そして、自由、民主主義、基本的人権、法の支配といった普遍的価値を共有する国々が加わります。こうした国々と共に、アジア太平洋地域における新たなルールをつくり上げていくことは、日本の国益となるだけではなくて、必ずや世界に繁栄をもたらすものと確信をしております。

さらに、**共通の経済秩序の下に、こうした国々と経済的な相互依存関係を深めていくことは、我が国の安全保障にとっても、また、アジア・太平洋地域の安定にも大きく寄与することは間違いありません。**

日本と米国という二つの経済大国が参画してつくられる新たな経済秩序は、単にTPPの中だけのルールにはとどまらないでしょう。その先にある東アジア地域包括的経済連携／RCEPや、もっと大きな構想であるアジア太平洋自由貿易圏／FTAAPにおいて、ルールづくりのたたき台となるはずです。

今がラストチャンスです。この機会を逃すということは、すなわち、日本が世界のルールづくりから取り残されることにほかなりません。「TPPがアジア・太平洋の世紀の幕開けとなった」。後世の歴史家はそう評価するに違いありません。アジア太平洋の世紀。その中心に日本は存在しなければなりません。TPPへの交渉参加はまさに国家百年の計であると私は信じます。

太字で強調したように、これは、経済的相互依存が戦争を抑止するというリベラリズムの典型的な表現である。ＴＰＰ、さらにはＲＣＥＰ（地域的な包括的経済連携）といった経済連携を進めれば、東アジアの秩序が安定するというのであるならば、防衛費を増やす必要はないというわけだ。

ＴＰＰは日本の食料安全保障を脅かす

安倍は、二〇一三年九月にもニューヨーク証券取引所における講演において、「日本とアメリカは、自由、基本的人権、法の支配といった価値観を共有し、共に経済発展してきました。その両国がＴＰＰをつくるのは歴史の必然です」と高揚感にあふれながら述べている。それどころか、この講演において安倍は、自信たっぷりに「もはや国境や国籍にこだわる時代は過ぎ去りました」とまで言い放ったのである。しかし、実際には、これまで述べたように、二〇〇八年の世界金融危機をもって、国境や国籍にこだわる時代が再び始まっていたのだった。

安倍は、後世の歴史家が評価するに違いないとか、国家百年の計であるとか、歴史の必然だとか、自信に満ちて語っているが、後世の評価を待つのには、さして時間を要しなかった。安倍によるＴＰＰ交渉への参加の宣言からわずか四年後の二〇一七年、トランプ政権はＴＰＰ交渉からの離脱を表明したのである。しかも、ＴＰＰの拒否は、トランプという異形のポピュリストによる特異な判断というわけではなかった。トランプ政権の後を継いだバイデン政権も、

ＴＰＰには復帰しようとしなかったのである。

それどころか、バイデン政権で大統領補佐官に任命されたジェイク・サリバンは、二〇二〇年二月の論考で[30]、次のように書いていた。「政策担当者は、あらゆる貿易協定は良い貿易協定だとか、答えは常に貿易の拡大だとかいった従来の認識を超えなければならない。詳細が問題である。安全保障コミュニティは、ＴＰＰについて、その実際の中身を吟味もせずに、何の疑問も抱かずに支持していた。米国の貿易政策は、何年にもわたる間違いが多過ぎて、プロ貿易協定の議論をもはや額面通りには受け入れられない」

サリバンは、ＴＰＰを推進したバラク・オバマ政権下で国務省に勤務していたが、そのことに関して反省の弁を述べている。しかも、安全保障コミュニティは、ＴＰＰの中身をよく知らずに支持していたとまで証言しているのである。ＴＰＰは安全保障にもなるという安倍の期待にもかかわらず、アメリカ側は、そんなことを真面目に考えてなどいなかったというわけだ。

このサリバンは、二〇一六年の大統領選で民主党が敗北した後、カーネギー財団が設置した外交政策に関する超党派のタスクフォースに参加している。このタスクフォースは、「アメリカの外交政策を中間階級のために良いものにする（Making U.S. Foreign Policy Work Better for the Middle Class)」という報告書をまとめた。この報告書は、グローバリゼーションがアメリカの労働者に利益をもたらさなかったことをはっきりと認め、所得格差の問題に配慮し、貿易をより広い視点から見直すことなどを主張するものであった。さらに、この報告書は、「アメリカの外交政策は変わらなければならないことは明白だ」と述べつつ、その変化の一例として、二〇一六年の大統領選でヒラリー・クリントンがTPPへの反対を表明したことを挙げていた。ちなみに、この報告書の共同執筆者には、オバマ政権下の通商代表部代表代行としてTPP交渉を担当したウェンディ・カトラーまでもが名を連ねていたのである。[31]

TPPには、日本が期待しているような安全保障上の意義はまったくない。それどころか、食料安全保障を脅かすものである。言うまでもなく、関税の引き下げなどによる農産物の輸入の拡大は、カロリーベースで四割にも満たない日本の食料自給率をさらに引き下げることになるからだ。[32]

エネルギー安全保障も弱体化させた安倍政権

しかも、安倍政権が軽視していたのは、軍事や食料の安全保障だけではなかった。エネルギー安全保障についても、それを弱体化するような政策を遂行していた。

二〇一一年の東日本大震災とそれに伴う福島第一原子力発電所の事故により、日本の原子力発電は後退を余儀なくされ、エネルギー源に占める天然ガスや石油への依存度が高まったことで、エネルギー安全保障は弱体化した。もっとも、深刻な原発事故があった以上、原子力発電に慎重になるのはやむを得ない。問題は、安倍政権が「電力システム改革」と称して、「発送電分離」を実行したことである。

「発送電分離」とは、電力会社が有する送配電のネットワークを、発電部門と小売部門から分離して、第三者が公平な条件の下で利用できるように開放することである。

それ以前までの電力事業は、独占企業が公的規制の下で発電から送電・配電に至る一貫したネットワークとして運営されてきた。しかし、一九九〇年代に入ると、欧米を中心に、発送電分離によって電力市場を自由化する動きが盛んとなった。新自由主義のイデオロギーが、電力の世界にまで浸透してきたのである。

こうした流れを受けて、日本でも部分的な電力市場の自由化が進められてきた。しかし、それでもなお、送配電ネットワークを運営する電力会社が発電部門も所有する体制は維持されてきた。それは、電力の安定供給を確保する必要性があったからであった。

日本は南北に細長い島国である上、山がちで平野が少ないという国土事情に制約されて、電力系統は一本の串のように構成されている。また、送電線の立地場所が少なく、用地取得にも長期の時間と費用がかかるため、送電インフラの整備は容易ではない。しかも、東西で周波数が異なるという問題もあった。こうしたことから、日本の送電システムは、地域間の連携が脆弱であった。この弱点を克服するため、発電と送電を一体で整備・運用する責任を電力会社に一元化させてきたのである。

また、電力会社が発電と送電とを一体的に管理し、需要家と安定的な取引関係を築いている場合には、電力会社は、将来の需要の増減を見通して、電力インフラの整備を計画的に行うことができる。しかし、発送電分離は、それを困難にするのである。しかも、電力自由化によって競争が激化すると、電力会社は、発送電インフラに対する長期の設備投資に消極的にならざるを得なくなってしまう。

要するに、日本が発電と送電を一元化する体制を維持し、電力市場の自由化を限定的にしか行ってこなかったのは、電力の安定供給、すなわちエネルギー安全保障上の要請からであったのだ。

電力システム改革が電力供給を不安定化した

実際、発送電分離・電力市場の自由化を行った国や地域では、電力供給の不安定化という事態が発生していた。例えば、電力供給の一軒当たりの年間事故停電時間を比較すると、日本は約十四分（二〇〇九年実績）であったが、ドイツは約十七分、イギリスは約七十六分、カリフォルニア州に至っては約四百十七分（それぞれ二〇〇八年実績）もあった。特にカリフォルニア州は、二〇〇一年に大停電を引き起こしている。[33]

電力市場の自由化のメリットとしては、自由競争による電力価格の低下が指摘されてきた。しかし、海外の先行事例を見ると、それすらも疑わしい。例えば、日本エネルギー経済研究所が二〇一二年に行った調査は、「日本を除く調査対象国では、電力自由化開始当初に電気料金が低下した国・州もあったが、おおむね化石燃料価格が上昇傾向になった二〇〇〇年代半ば以降、燃料費を上回る電気料金の上昇が生じている」と結論付けていた[34]。

このように、発送電分離が電力供給を不安定化し、電力価格の抑制にならない可能性すらあることは、理論的にも経験的にも、明らかなことであった[35]。

それにもかかわらず、第二次安倍政権は、発送電を分離し、電力市場を全面的に自由化する電力システム改革を実行したのである。しかも、これは、福島第一原発の事故により、原子力発電の稼働が停止し、電力の安定供給が著しく脆弱になったタイミングでの決定であった。

その結果、発電事業者間の競争は激化し、稼働率が低く採算のとれない火力発電設備は廃止されていった。その代わりに、太陽光発電や風力発電など、再生可能エネルギーによる発電は政策支援を受けて増加していった。しかし、天候の影響を大きく受ける太陽光発電や風力発電の普及は、電力の安定供給をより損なうものである。その当然の結果として、二〇二一年初めには電力不足が顕在化し、二〇二二年三月や八月にも電力需給が逼迫する事態となった。

国際環境経済研究所の竹内純子は、安倍政権下で実行された電力システム改革について「燃料調達が十分でなくなった時の制約についてはほとんど議論されてこなかった」と述べ、次のように評している。

これほど化石燃料資源に乏しく、「油に始まり油に終わった」と評される太平洋戦争やオイルショックも経験したわが国において、燃料制約に対する備えが電力システム改革に組み込まれていなかったというのは、驚愕すべき危機感の欠如だ。エネルギー安定供給・安全保障の観点から、改めて現在の電力システム改革の総点検が必要だろう。(36)

二〇一〇年代は、国際情勢が大きく変化し、しかも日本の安全保障を脅かす方向へと向かい、さらにはアメリカもその基本戦略を大きく転換しようとしていた。その極めて重要だった二〇一〇年代を、日本は、まるまる無駄に過ごしてきたのである。いや、そのような批判すら生ぬるい。自国の安全保障を自ら弱体化させてきたわけであるから、無駄に過ごすよりも質《たち》が悪い。この十年間の愚かさについては、後世の歴史家が不名誉な記録を残してもおかしくないレベルであろう。

中国の地域覇権の下で生きていくのが嫌ならば……

では、グローバリゼーションが終わった世界は、どのような姿になるであろうか。

今後、世界経済がブロック化する可能性を指摘する議論[37]がある。かつて二十世紀初頭までの「第一次グローバリゼーション」の終焉の後に現出したのがブロック経済化であることを考えると、確かにその可能性は否定できない。

ただし、ブロック経済を形成できるのは、周辺国を経済的に依存させるほど国内市場が大きく、かつブロック内に戦力を投射できる「地域覇権国」のみである。東アジアにおいてその可能性があるのは、残念ながら中国であって、日本ではない。

実際、中国は、二〇二二年四月、南太平洋のソロモン諸島と安全保障協定を締結し、五月には経済関係の強化に関しても合意した。第二次世界大戦中、日本軍がソロモン諸島を構成するガダルカナル島に軍事拠点を確保したことからも連想されるように、ソロモン諸島は地政学的な要衝である。かつて日本が大東亜共栄圏なるブロック経済を構想したように、中国もまたブロック経済を形成しようとしている可能性はある。

二〇二二年一月に発効したRCEPは、いずれ、中国中心のブロック経済圏へと発展するのかもしれない。というのも、RCEPにはアメリカは参画しておらず、中国を警戒するインドも交渉途中で離脱しているからだ。RCEPの中核となる市場は、中国市場のほかにはない。

　だが、中国中心のブロック経済圏内で、日本が繁栄できるはずがない。リアリストの国際政治学者ジェニファー・リンドが指摘するように、地域覇権国というものは、東アジアにおける清朝や帝国日本、東欧におけるソ連のように、周辺国を軍事力や経済力で脅かし、国内政治に介入し、文化にまで影響を及ぼすものである。実際、現在の中国はすでにそうしようとしている。特に、地域覇権国は、ライバルとなる周辺国に対しては、徹底的に弱体化を図り、自らの地域覇権を確実にしようとする。中国にとって、ライバルとなる周辺国とは、日本にほかならない。しかも、中国の日本に対する歴史的な恨みは深い。

　日本は、そういう中国の地域覇権の下で生きていくのが嫌だというならば、安全保障政策を抜本的に転換して、防衛力を大幅に強化するしかない。アメリカにはもはや単独で中国に対抗する能力はないし、その意志すらないのだから、それ以外にないはずだ。二〇一八年時点において、リンドは日本に対してこのような警告を発した[38]。日本が自国の独立と自由を維持したいのであるならば、中国の覇権を中心とするブロック経済圏に依存するという選択肢は、あり得ないということだ。ところが、リンドが警告を発した二〇一八年、日本は、相変わらずRCEPの成立に向けて邁進していた。そして、二〇二〇年末のRCEP署名を言祝《ことほ》いだのである。

　二〇二二年のウクライナ戦争、そしてそれに伴う世界的なインフレによって、さしもの日本国民も、時代の変化を肌で感じざるを得なくなっている。防衛力の強化についての議論も始まってはいる。しかし、「泥棒を見て縄を綯《な》う」のたとえ通り、あまりに遅きに失している。とりわけ安全保障は、数十年かけて準備しなければならないはずのものである。危機が起きてからでは遅いのだ。

とは言え、手をこまねいているわけにもいかない。この段階から、何をどうすべきか、論じていきたいと思う。しかし、その前に、まずは、二〇〇八年からグローバリゼーションが終焉に向かっていたことにも気付かず、ひたすら安全保障を軽視してきた二〇一〇年代の愚かさを反省すべきであろう。少なくとも、過去三十年間のアメリカのリベラル覇権戦略が破綻し、グローバリゼーションは終わったという現実は素直に認めるべきである。

話は、それからだ。

第二章 二つのインフレーション

グローバリゼーションが終わったからインフレが起きた

二〇二〇年代に入り、グローバリゼーションの終焉は、誰の目にも明らかとなった。それとほぼ軌を一にして、インフレーションが世界を襲った。実は、この二つの現象は、深く関連している。結論を急げば、グローバリゼーションが終わったから、インフレが起きたのである。この二〇二〇年代のインフレを深く理解することによって、グローバリゼーションの終焉という世界の構造変化の本質が、より明らかになっていくであろう。

しかし、インフレという経済現象については、経済学者の間でも解釈が分かれており、未だ論争が続いている。そこで、本書は、以下三章を割いて、インフレの本質について考察を進めていきたい。

まず、二〇二〇年代のインフレの経緯を簡単に振り返っておこう。

アメリカでは二〇二一年初頭から物価が上昇し始め、同年十一月には、消費者物価上昇率（CPI）は前年同月比六・八%となり、一九八二年六月以来最大という高水準に達した。さらに翌十二月には七・〇%を記録した。これは、およそ四十年ぶりのインフレである。ユーロ圏においても同様に、二〇二一年前半から物価の上昇が続き、同年十一月の消費者物価上昇率は前年同月比四・九%と、統計を遡れる一九九七年一月以降で最大を記録した。

同じ頃、日本の消費者物価だけが低迷していた。二〇二一年十一月の消費者物価（生鮮食品を除くコアＣＰＩ）の上昇率は、前年同月比〇・五％に過ぎなかった。しかしながら、企業物価（卸売物価）については高インフレとなり、同じ月の企業物価指数は前年同月比九・〇％を記録するなど、四十一年ぶりの高水準となったのである。

このインフレの原因や対策を巡っては、二〇二一年当時、アメリカの主流派経済学者の間で論争が起きた[1]。「持続的派（Team Persistent）」と「過渡的派（Team Transitory）」との間の論争である[2]。

「持続的派」は、バイデン政権がコロナ禍対策として行った一・九兆ドルに及ぶ大型財政出動「米国救済計画」などが需要を過剰にしたと考え、財政支出の抑制や利上げによるインフレの抑制を主張した。例えば、ハーバード大学教授のローレンス・サマーズが、その代表的論者である[3]。

これに対して「過渡的派」は、このインフレは、コロナ禍から正常化する過程での過渡期的なものであるとみなし、いずれ収束するであろうから、歳出抑制や利上げは拙速であると主張していた。当時、財務長官のイエレンも、インフレは二〇二二年後半には落ち着くだろうと予想し、心配はしていないと述べていた[4]。

しかし、二〇二二年二月の消費者物価上昇率は七・九％、三月には八・五％、五月も八・

図表2-1　日米欧の消費者物価上昇率

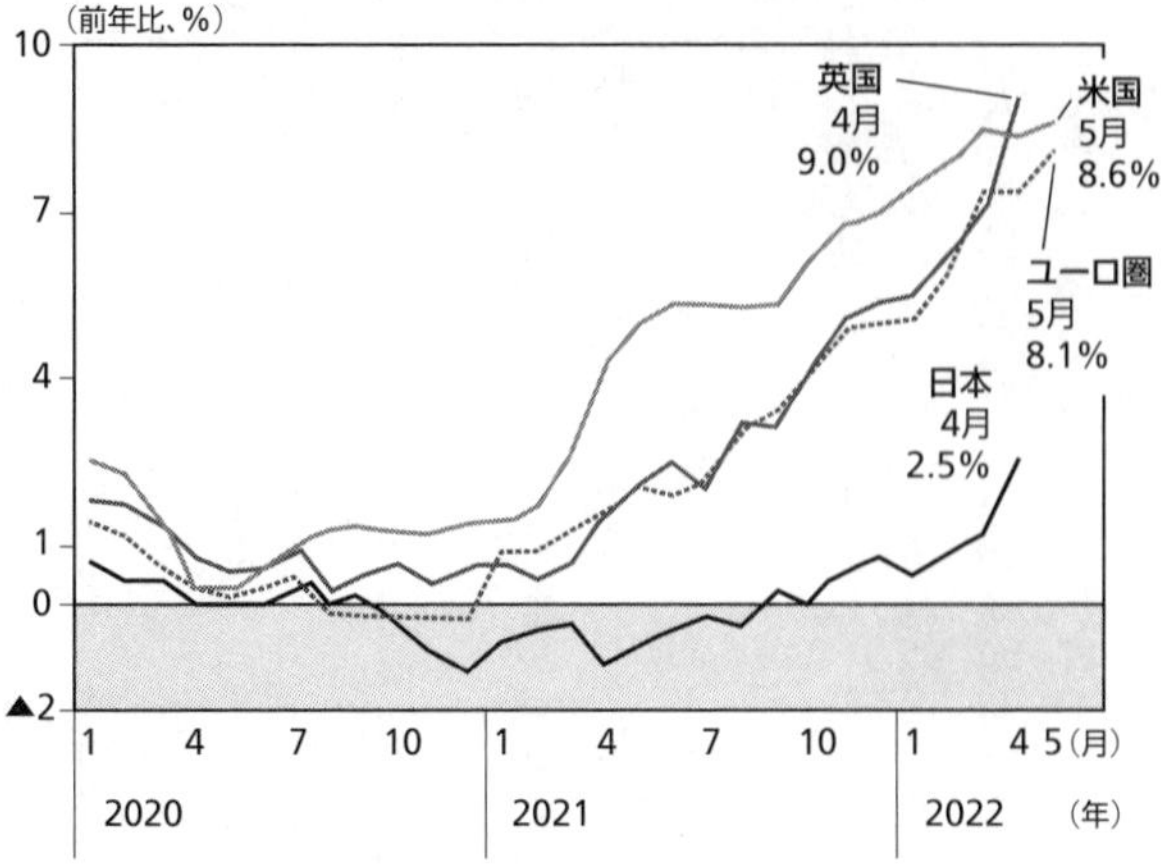

出典：令和4年6月20日月例経済報告等に関する関係閣僚会議資料（抜粋）

六%と、アメリカのインフレはさらに加速した。ヨーロッパの消費者物価上昇率も同様に二〇二一年から上昇を続けて、二〇二二年五月には八・一%に達した。四半世紀におよぶデフレーションに苦しんできた日本ですら、二〇二二年四月の消費者物価上昇率は二・五%という三十年ぶりの水準を記録したのである（図表2－1）。

こうした事態を受けて、イエレンは、二〇二二年六月の上院財政委員会の公聴会で、インフレが一過性であると述べたのは誤りであったと認めた。もっとも、彼女は、高インフレの原因の大部分が米国救済計画によるものだとは言えないとも言い添えた。[5]

先進国ではインフレにならないことが問題だった

アメリカの中央銀行にあたるＦＲＢ（連邦準備制度理事会）は、この高インフレを重く見て、本格的なインフレ対策に乗り出した。まず、二〇二二年三月にコロナ対策として行ってきたゼロ金利政策を終了して、政策金利を〇・二五％引き上げたが、それにとどまらず、五月にはその倍の〇・五％の引き上げを決定した。さらに、六月には〇・七五％と、一回の利上げの幅としては通常の三倍という急激な引き上げを決定し、翌七月にも〇・七五％の引き上げを決定するなど、急速な金融引き締め策を実施した。その結果、消費者物価上昇率は、六月には九・一％を記録したが、翌七月には八・五％へと減速した。もっとも、なお高い水準ではある。

この二〇二一年から二二年にかけての高インフレは、およそ四十年ぶりと言われるように、一九七〇年代末から一九八〇年代初頭までの高インフレ以来であった。それ以降、アメリカでは、一九八九年四月から一九九一年五月、そして二〇〇八年の七月から八月にかけて、一時的に消費者物価上昇率が五％を超えたことがあったものの、それらを除けば、物価は低位で安定していた。それどころか、二〇〇八年の世界金融危機以降のおよそ十年間、アメリカをはじめとする先進国経済の問題は、インフレになることではなく、むしろインフレにならないことであったのだ。そして、先進国経済は、低インフレ、低成長、低金利が続く「長期停滞（secular stagnation）」に陥っているのではないかという議論が盛んに行われていたのである[6]。とりわけ日本についてはもっと極端で、一九九八年以降、およそ四半世紀にもわたって、インフレどころか、デフレから抜け出せなくなっていた。

このように、二〇二〇年までのおよそ四十年間、高インフレは過去のもののようにみなされ、現代経済の問題はむしろディスインフレ（物価が上昇しない状態）あるいはデフレと考えられていた。ところが、二〇二一年以降、突然にして、高インフレが復活したのである。

この突然の大きな変化は、いったい何を意味するのか。そして、この変化に対して、何をなすべきか。

それらを考えるにあたっては、そもそも、インフレとは何か、どうして起きるのかを明らかにしなければならない。以降の記述は、インフレの原因について、できるだけ専門用語を避け、日常言語で表現することを試みたものである。なお、本章の議論に関する経済理論的な背景については、第四章において明らかにするが、専門的な分析を好まない読者は第四章を省略してもよい。

インフレはさまざまな要因によって起きる複雑な現象だが、大別すると「デマンドプル・インフレ」と「コストプッシュ・インフレ」とがあるとされている。

インフレとは「需要過剰／供給過少」の状態によって引き起こされる。ただし、同じ「需要過剰／供給過少」であっても、その主な原因がもっぱら需要の増大にある場合は「デマンドプ

図表2-2　二つのインフレ

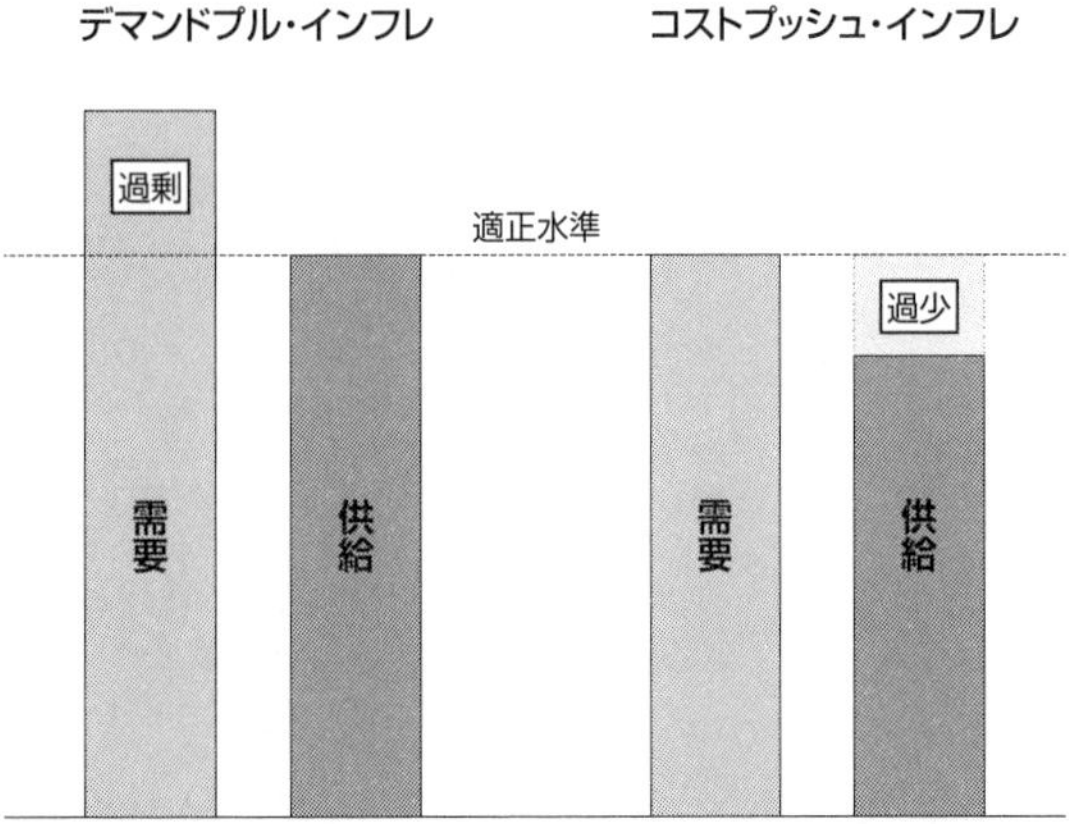

ル・インフレ」であり、もっぱら供給の減少にある場合は「コストプッシュ・インフレ」とされる（図表２－２）。

この区別は単純ではあるが、インフレを分析する上での基本的な枠組みとしてなお有効であり、しかも重要である。なぜなら、原因が需要側にある場合と供給側にある場合とでは、その対策も当然、異なってくるからだ。したがって、同じインフレであっても、それが「デマンドプル」なのか「コストプッシュ」なのかを明確にしておかなければ、誤ったインフレ対策の処方箋を書いてしまうことになるだろう。

なお、インフレについての解釈は、これらの二つだけではない。特に、主流派経済学は、貨幣供給の過剰がインフレをもたらすと主張している。主流派経済学の議論の妥当性を吟味するには、そもそも、貨幣に関する正確な理解が必要になるのだが、それについては第四章において議論する。

いずれにせよ、インフレについては、需要と供給のバランスに着目することで、「デマンドプル・インフレ」と「コストプッシュ・インフレ」の二つに大別することができる。そのこと自体については、おそらく経済学者の間で異論はないと思われる。そこで、まず本章では、この大別に従って議論を進めることとする。

デマンドプル・インフレ——需要過剰で物価が上昇

改めて確認すると、「デマンドプル・インフレ」とは、需要が旺盛になり過ぎて、供給が追い付かずに物価が上昇し続ける現象である。その典型は、景気の過熱が引き起こすインフレである。また、大規模な戦争が起きるとインフレになることが多いが、それが軍事需要の急拡大によるものである場合は、デマンドプル・インフレと言える。

ただし、厳密に言えば、インフレとは、一時的ではなく、持続的な物価の上昇のことを指す。したがって、需要が一時的に拡大して物価が上昇したとしても、その後すぐに、需要が元の水準に戻ったり、あるいは供給が需要に追い付いたりした場合には、物価は持続的には上昇しない。それは、本来の意味における「インフレ」とは言えないのかもしれない。

では、物価が持続的に上昇する、すなわち需要過剰・供給過少の状態が続くという、本来の意味におけるインフレは、どのようにして起きるのであろうか。それについては、例えば、次のように考えられる。

需要過剰になると、労働力不足になるので、企業は労働者を確保するために賃金を引き上げる。あるいは、物価の上昇により、実質賃金（労働者が実際に受け取った給与である名目賃金から物価の変動分を差し引いたものであり、実際の購買力を示す）が下がると、労働者側は物価の上昇分に見合った賃上げを要求し、企業がそれを受け入れる場合もある。その結果、賃金が上がり、所得が増加すると、労働者は消費を増やすので、需要はさらに増える。こうして、物価は上昇し続けるのである。

このようにして、需要過剰がさらなる需要を誘発するというスパイラルが働くと、需要過剰の状態が続いて、物価は上昇し続けることになるであろう。

他にも、次のような可能性がある。物価が上昇する中、もし人々が今後、もっと物価が上がっていくだろうと予想した場合（いわゆる「インフレ期待」）、物価がより低いうちに商品を購入しておこうと考え、消費を増やす。その消費拡大がさらに物価を引き上げ、人々はさらなる物価上昇を予想する。こういうスパイラルが働いた場合には、物価の持続的な上昇が起きることになるだろう。

同様に、株式や土地などの資産価格が上昇する中、人々が資産価格のさらなる上昇を予測した場合には、将来のリターンに期待して資産の購入を増やすので、資産の価格がさらに上昇し、それがまた、人々の資産価格上昇への期待を膨らませる。こうして、資産のインフレが起きるのである。これが、いわゆる「バブル」である。

コストプッシュ・インフレ――供給減少で物価が上昇

これに対して「コストプッシュ・インフレ」とは、供給が減少することで起きる物価の持続的な上昇のことを指す。

例えば、産油国による輸出制限や油田の枯渇などに起因する原油価格の上昇、凶作による食料価格の上昇、関税や禁輸措置による輸入財価格の上昇などである。自然災害による供給設備の破壊や疫病による労働者不足などが引き起こす物価の上昇も、コストプッシュ・インフレに含まれる。また、少子高齢化が進むと、生産年齢人口が減少し、労働力の供給がより制約されるため、やはりコストプッシュ・インフレとなる。

また、価格決定に関して支配力を有する独占企業や寡占《かせん》企業が利益率を高めるために、一部の財の価格を引き上げ、それが経済全体の物価を引き上げる可能性もある。例えば、電力供給の寡占企業である電力会社が、電力価格を引き上げれば、電力を使用して供給される多くの財やサービスの価格が上昇し、コストプッシュ・インフレとなる。

あるいは、労働組合の政治力が強過ぎて、賃金が生産性に見合う水準よりも高く引き上げられる場合も、コストプッシュ・インフレと言える。

自国通貨安による輸入財の高騰もコストプッシュ・インフレに数えられるだろう。なお、海外の需要の増大を原因とする輸入財の高騰は、世界経済全体で見ればデマンドプル・インフレではある。しかし、国内経済に限って見れば、国内需要が増大したわけではなく、輸入財の供給制約となっているわけであるから、コストプッシュ・インフレとみなすのが妥当であろう。例えば、中国で大豆の需要が急増して輸入が増えれば、日本の輸入大豆の価格が高騰する。これは、中国経済あるいは世界経済全体で見ればデマンドプル・インフレであるが、日本経済にとってはコストプッシュ・インフレである。

ちなみに、大規模な戦争が起きるとインフレになりやすいが、それは、すでに指摘したように、軍事需要の拡大を原因とする場合はデマンドプル・インフレに数えられる。しかし、もし戦争によって供給設備や社会インフラが破壊されたり、徴兵や戦災による死亡が原因で労働者が不足したりする場合は、コストプッシュ・インフレとみなされる。戦争がインフレを起こしやすいのは、デマンドプルとコストプッシュの両方を引き起こし得るからだと言えるだろう。

さて、コストプッシュ・インフレに関しても、それが一時的な物価の上昇であって継続的ではない場合には、本来の意味におけるインフレとは言い難い。では、コストプッシュによる継続的な物価上昇が起きるのは、どのような場合であろうか。

コストプッシュで持続的な物価上昇が起こる経路

その経路もまた、いくつか考えられる。

第一に、単純に、供給制約が時間とともに厳しくなるのであれば、物価は持続的に上昇するであろう。例えば、少子高齢化が進み、労働力が年々減少していくのであれば、賃金は上昇を続けるから、本来の意味におけるインフレが発生するだろう。

第二に、コストプッシュによる物価の上昇によって実質賃金は下がる。しかし、労働組合の力が強い場合には、物価の上昇に見合った賃金の引き上げを要求し、それを実現させるだろう。そうすると、労働コストが上昇してしまった企業は、利益を確保しようとして、製品やサービスの値上げに踏み切るかもしれない。こうして物価が上昇すると、労働者側はさらなる賃上げを要求するというスパイラルが起きて、インフレになるのである。

また、この賃金の上昇によって労働者の所得が拡大するならば、消費が増大して、需要の拡大を引き起こすことになろう。その結果、デマンドプル・インフレが起きて物価はさらに上昇するので、労働組合は再び賃上げを要求する。このようなスパイラルが起きれば、物価は持続的に上昇することになるだろう。この場合、コストプッシュによる物価の上昇が、賃金の上昇による消費の拡大というデマンドプルを誘発し、それが賃金上昇というさらなるコストプッシュ・インフレを招いている。言わば、コストプッシュとデマンドプルの両方を併発することで、継続的な物価上昇という現象が起きるのである。

第三に、コストプッシュの物価上昇であっても、それが人々のインフレ期待を形成した場合には、消費や投資といった需要が拡大し、やはりデマンドプルを併発して、持続的な物価上昇を引き起こすかもしれない。

第四に、ある財の供給不足は、その財を供給する企業の価格交渉力を高める。その財を供給するのが独占・寡占企業であれば、なおさらであろう。そこで、その財の供給者は、供給不足を機に、法外な利益を得ようとして、価格を引き上げる。それが、さらなる財の供給不足を招き、供給者はいっそう強い価格支配力を得て、価格をさらに引き上げる。これが連鎖して、経済全体の物価を押し上げ続ける。そういう経路も考えられるだろう。

第五に、為替相場の影響がある。自国通貨の下落は輸入物価の上昇を招き、国内経済にコストプッシュ・インフレを引き起こすが、それによって経済が打撃を受けると、自国通貨のさらなる下落を招くかもしれない。あるいは、国際金融市場がその国の通貨のさらなる下落を予想して当該通貨を売ることで、通貨安がいっそう進行する場合もあるかもしれない。

最後に考えられるのは、コストプッシュ・インフレが社会に与える負のスパイラルである。物価の高騰は国民の政治に対する不満を高め、政権を不安定化する。とりわけ、開発途上国の政情は不安定化しやすく、インフレに対して脆弱である。政情が不安定化して社会が混乱すると、生活物資、エネルギーなどの供給に支障を来《きた》すので、さらなるコストプッシュの物価上昇が引き起こされる。インフレ→政情不安→インフレの連鎖である。

コストプッシュによって引き起こされるインフレ（継続的な物価上昇）については、以上のように複数の経路が考えられる。

一時的な物価上昇も「インフレ」か

ところで、すでに述べたように、本来の意味におけるインフレとは、継続的な物価の上昇のことを指す。それゆえ、一時的な物価の上昇あるいは物価の乱高下については、本来であればインフレとは言えないのかもしれない。特に、コストプッシュによって物価が上昇すると、実質賃金が下がり購買力が減退するので、需要は抑制される。労働組合の交渉力が弱く、賃上げが行われない場合は、特にそうである。需要が抑制されるのであれば、物価の上昇も抑制されるであろう。

このように、コストプッシュ・インフレは供給の減少が原因であるが、その少なくなった供

図表2-3　コスト・プッシュインフレの収束と経済の縮小

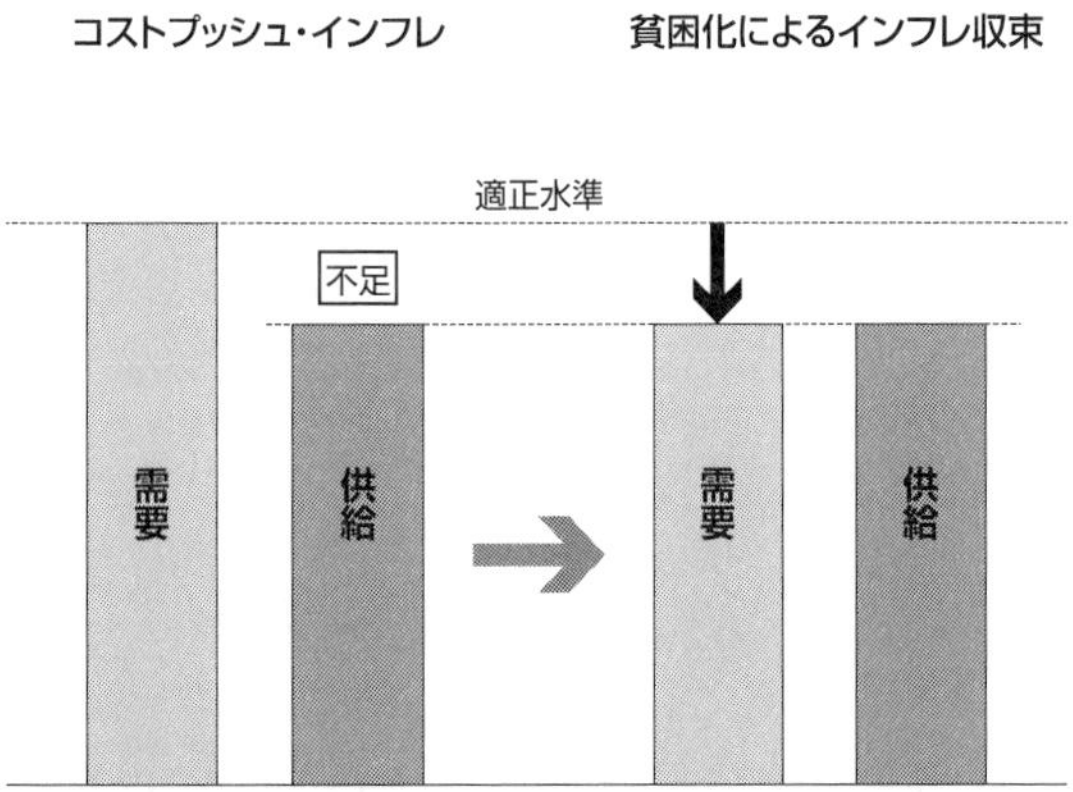

給に合わせて、需要も減るのである。少ない供給に合わせて需要も減る形で需給が一致すれば物価の上昇も収まるだろうから、インフレは確かに一時的なものにとどまると言えるだろう。ただし、そのインフレの収束過程において、経済は縮小し、国民の生活水準は以前よりも下がっている（図表２－３）。

厳密な経済学上の定義は別にして、このように物価が一時的に上昇する場合であっても、それが実質賃金の低下と購買力の減少を招き、国民の生活を窮乏化させるようであれば、一般的には「インフレ」と呼ばれて問題視されることが多い。また、物価の乱高下についても、社会を不安定化させたり、経済活動を困難にしたりするだろう。

したがって、本書でも、一般的な用語の使

用法に従って、供給制約による物価の上昇は、それが持続的ではなく一時的なものであったとしても、国民の生活水準を著しく押し下げた場合には「コストプッシュ・インフレ」に含めることとしよう。

原因も結果も対策も大きく異なる二つのインフレ

以上のように、インフレは、需要増を原因とするか、供給減を原因とするかによって、デマンドプル・インフレとコストプッシュ・インフレとに大別できる。

注目すべきは、この二つは、原因が対照的なだけではなく、それがもたらす結果も大きく異なるということである。というのも、デマンドプル・インフレが賃金の上昇や国民所得の増加を伴い、経済を成長させるのに対し、コストプッシュ・インフレはその反対に経済を縮小させるからである。

この二つのインフレの違いは重要であるので、ややくどいようであるが、標準的な経済学の「総需要／総供給分析」の図を用いて、より明確にしておこう。総需要／総供給分析は、古典的・初歩的な枠組みであるが、「デマンドプル・インフレ」と「コストプッシュ・インフレ」を理解する上では、なお有効である。[7]

総需要／総供給分析は、縦軸を物価とし、横軸を産出量（GDP）とする。

図表2-4　デマンドプル・インフレ

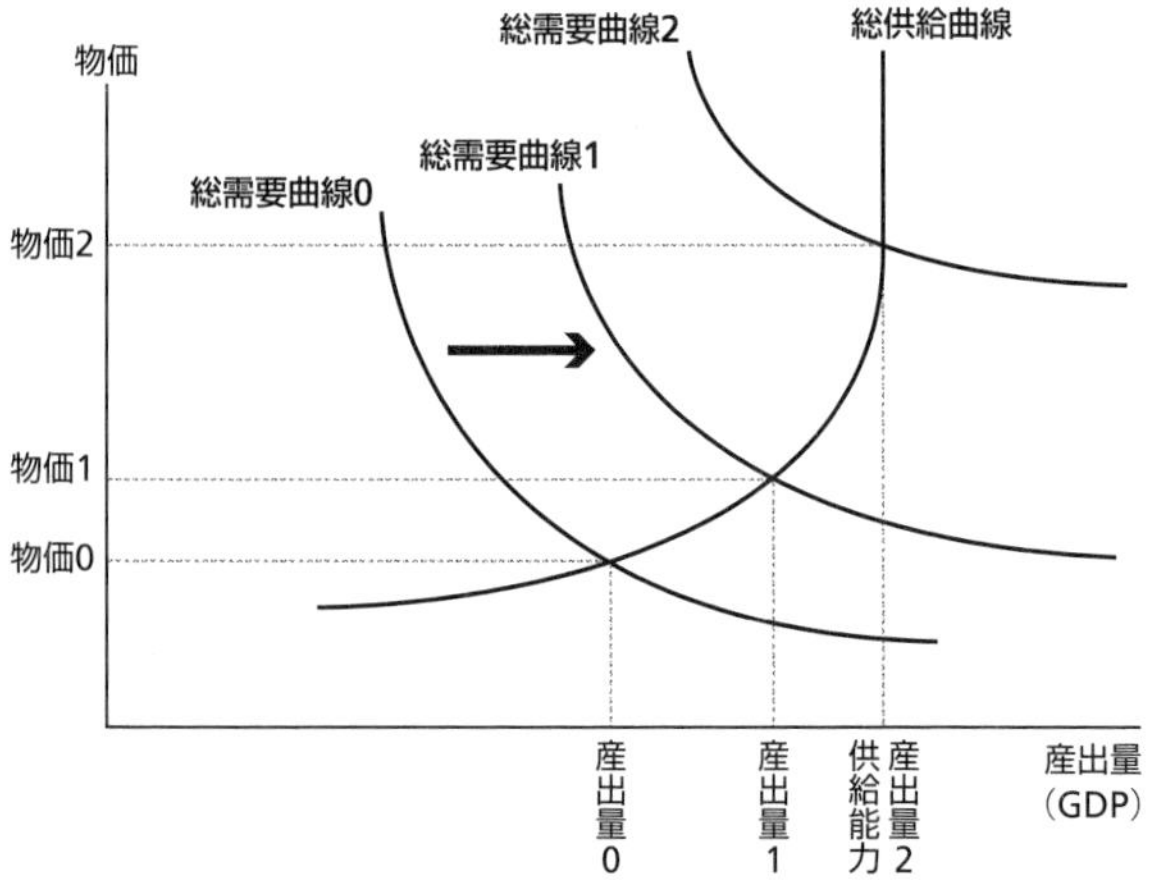

総需要曲線は、物価が低いほど消費需要が増えるので、右肩下がりの曲線によって表現される。他方、総供給曲線は、物価が高いほど供給が増えるので、右肩上がりの曲線となる。この総需要曲線と総供給曲線の交点によって、物価と産出量が決まる。

さて、図表2－4において、総需要が増大すると、総需要曲線が右側にシフトする（総需要曲線0→総需要曲線1）。すると、物価は上昇するが、同時に産出量も増えている。つまり、物価が上昇しつつ、経済が成長しているのである。ただし、総需要が供給能力の限界を超えて増大すると（総需要曲線1→総需要曲線2）、産出量は増えずに、ただ物価だけが上昇する。デマンドプル・インフレが問題となるのは、この場合である。

図表2-5　コストプッシュ・インフレ

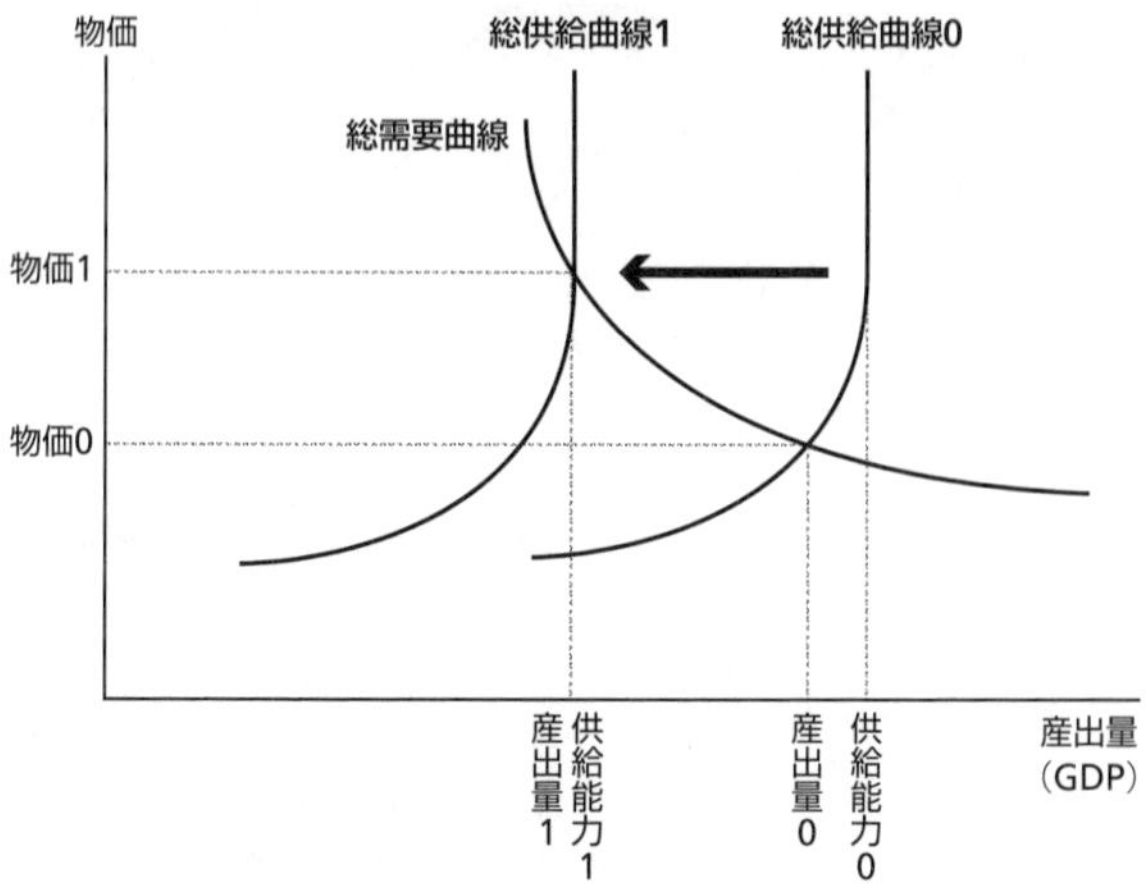

　では、コストプッシュ・インフレについては、どうか。供給制約が厳しくなると、企業の生産能力が縮小する。これは、総供給曲線が左側へとシフトすることで表現される。この左側へのシフトの結果、物価は上昇するが、産出量は減ることになるのである（図表2－5）。

　では、インフレ対策は、どのようにして行われるべきか、総需要／総供給分析を用いて理解してみよう。

　まず、デマンドプル・インフレについては、図表2－6のように、総需要曲線2によって表現される。すなわち、需要が供給能力を超えて増大している状態である。そこで、需要を削減して供給能力を超えないようにする（総需要曲線2を総需要曲線3に引き下げ

図表2-6　デマンドプル・インフレ対策（需要の抑制）

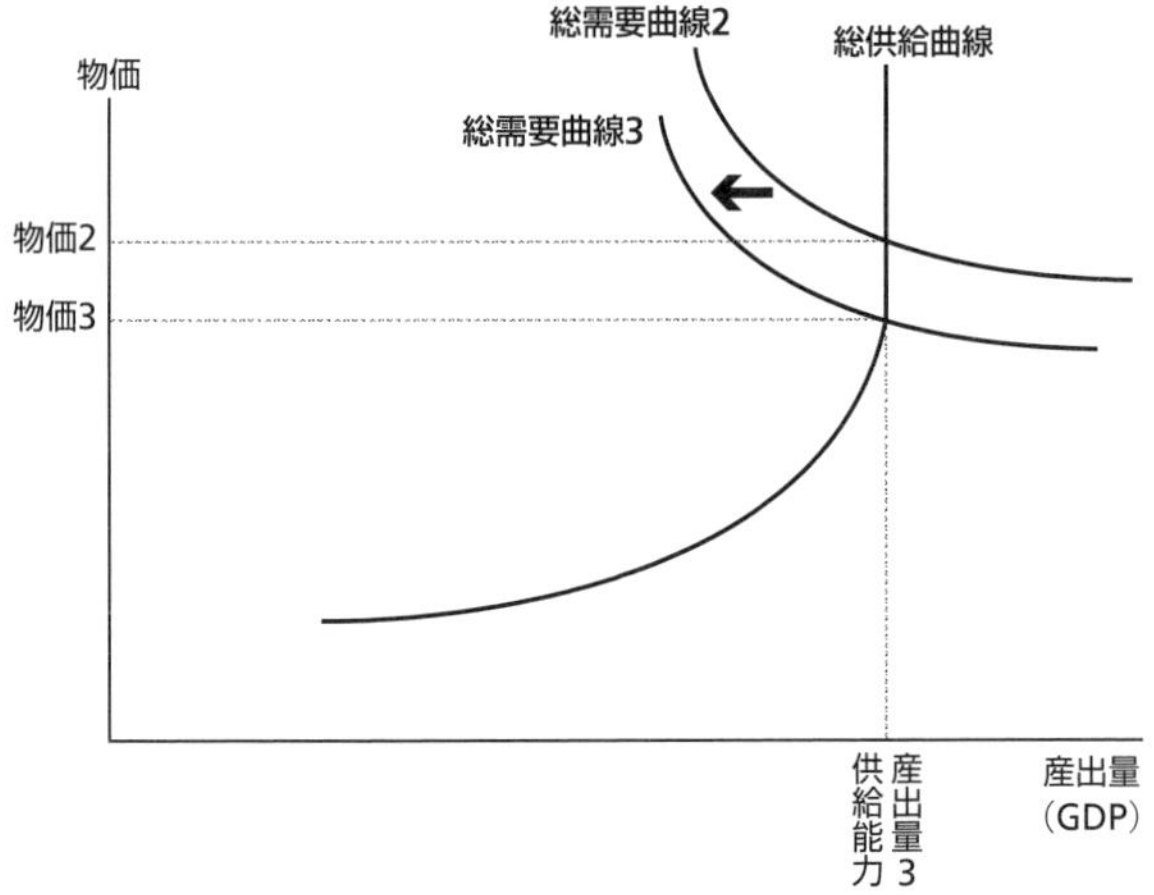

る）政策を講じることで、インフレは収束する（物価２→物価３）。

例えば、政府が財政支出を削減すれば、公共需要が減少する。あるいは、増税や利上げを行えば、民間需要が減少する。政府は、このようにして需要を削減すれば、総需要曲線は２から３へとシフトする。これがデマンドプル・インフレ対策になる。

では、コストプッシュ・インフレについては、どうか。図表２－５にあるように、供給が減少して、総供給曲線が０から１へとシフトし、物価が上がり、産出量が減少するのが、コストプッシュ・インフレである。ならば、その対策は、供給を増やして、総供給曲線を右側に再び押し戻すことになる。そうすれば、物価は下がるだけではなく、産出量も増える

図表2-7　コストプッシュ・インフレ対策（供給能力の強化）

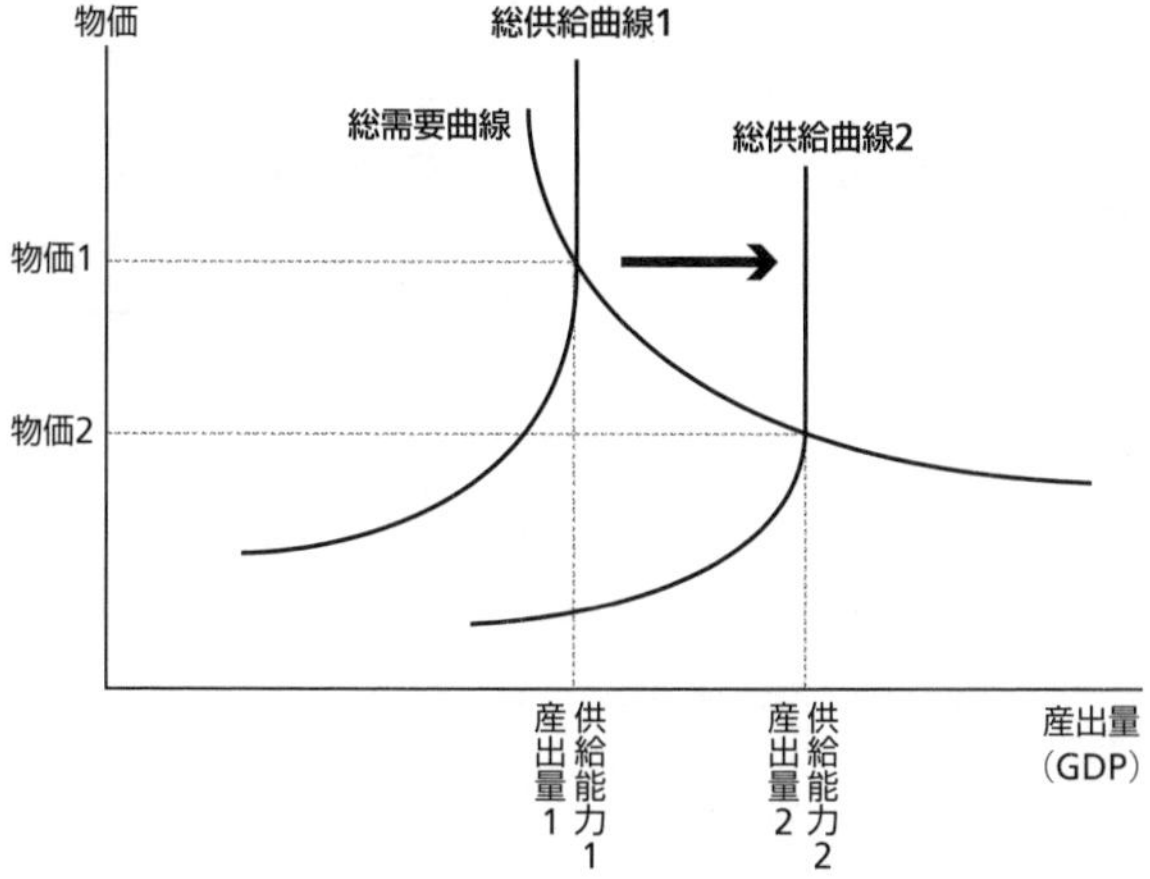

のである（図表２－７の総供給曲線１→総供給曲線２）。

例えば、石油危機を原因とするコストプッシュ・インフレであれば、新規の油田開発や石油に代わるエネルギーの開発が必要になろう。食料危機が原因なのであれば、食料生産の拡大が必要であろう。ただし、エネルギーの開発や食料生産は効果を上げるまでには長期間を要する。より即効性を求めるのであれば、エネルギーや食料に関する課税や関税を軽減するという方法も考えられる。

あるいは、徹底的な合理化によって効率性を高め、生産性を上げることで、供給制約を緩和するというのも、有力な対策である。特に、抜本的に生産性を上げるためには、交通、通信、電力などのインフラの整備、研究開発、人材の育成などが必要であろう。

しかし、こうした対策のうち、石油代替エネルギーの開発、食料生産の拡大、インフラの整備、研究開発、人材の育成などは、大規模・長期的・計画的な公共投資、あるいは民間投資に対する助成・支援がなければ困難であろう。

要するに、これらの「コストプッシュ・インフレ」もまた、結局のところ、財政支出の拡大を必要とするということである。

ノーベル賞経済学者十七人が長期のインフレ対策として積極財政を支持

このことに関連して、興味深いエピソードがある。

二〇二一年九月、ノーベル経済学賞を受賞した経済学者十七人(8)が公開書簡(9)を発出し、インフラ整備やクリーン・エネルギー開発、研究開発や教育などに対する財政支出の拡大を支持した。そこには、こうした積極的な公共投資こそが「長期のインフレ圧力を緩和する」と書かれている。ここで言う「長期のインフレ圧力」というのがコストプッシュ・インフレを意味することは、明らかである。積極的な公共投資によって長期的なインフレ圧力の緩和（総供給曲線の右シフト）が実現することを想定しているのであろう。

この公開書簡に名を連ねた十七人の経済学者は、学説や立場はそれぞれ異なるにもかかわら

図表2-8　コストプッシュ・インフレ対策（一時的にインフレを悪化させるが、長期的にはインフレを抑制し、経済は成長）

①供給能力への投資

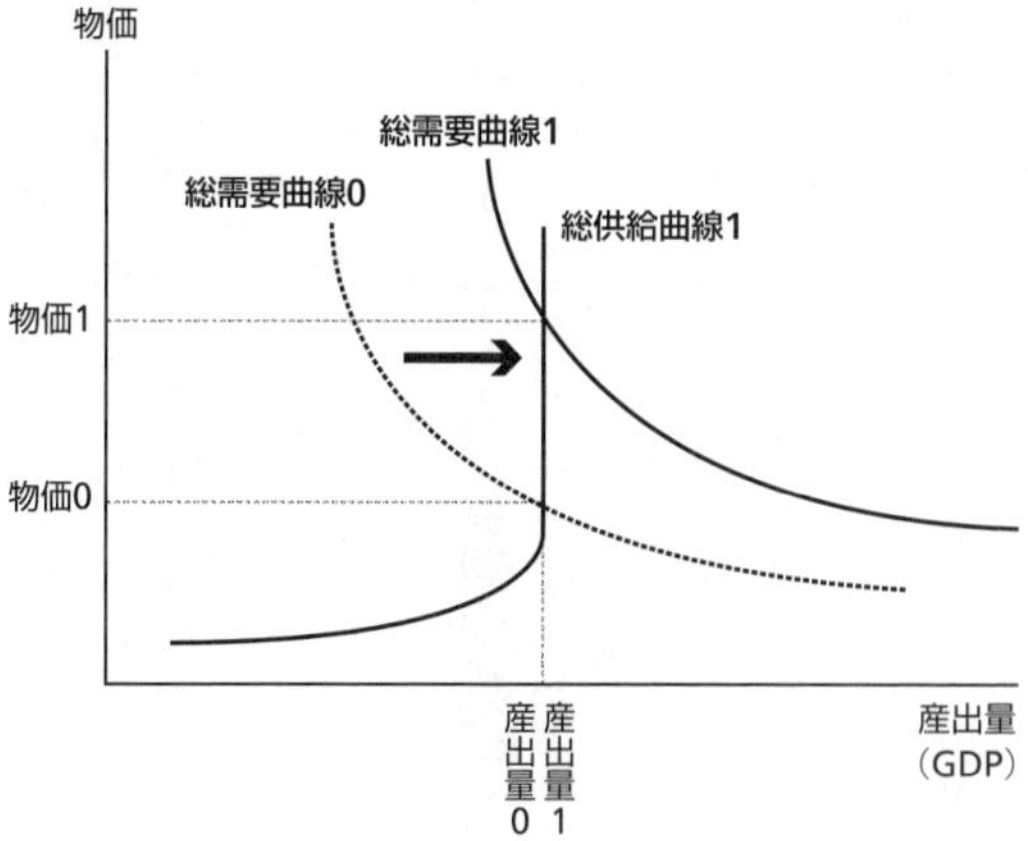

②供給能力の完成・稼働

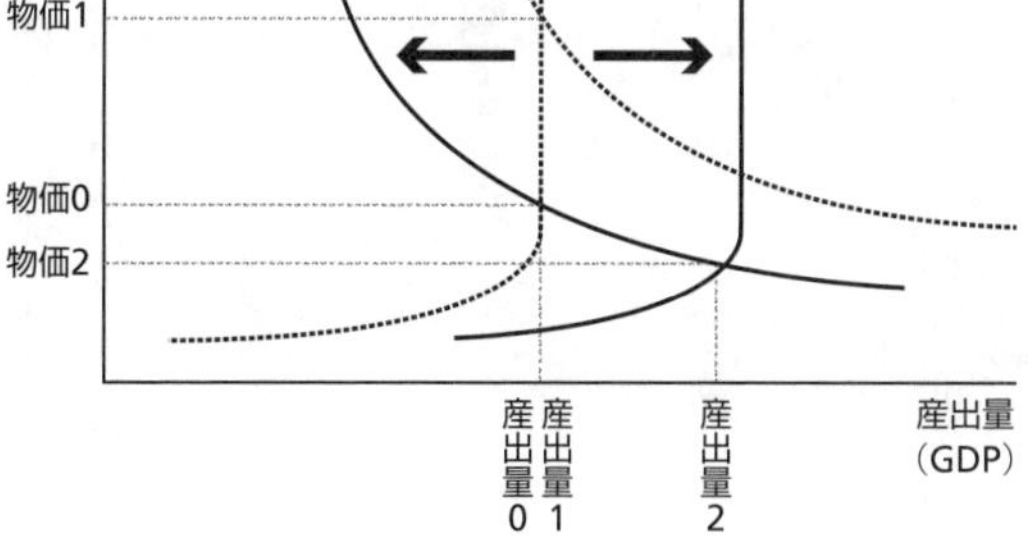

図表2-9　誤ったコストプッシュ・インフレ対策
（インフレは収束したが、深刻な不況）

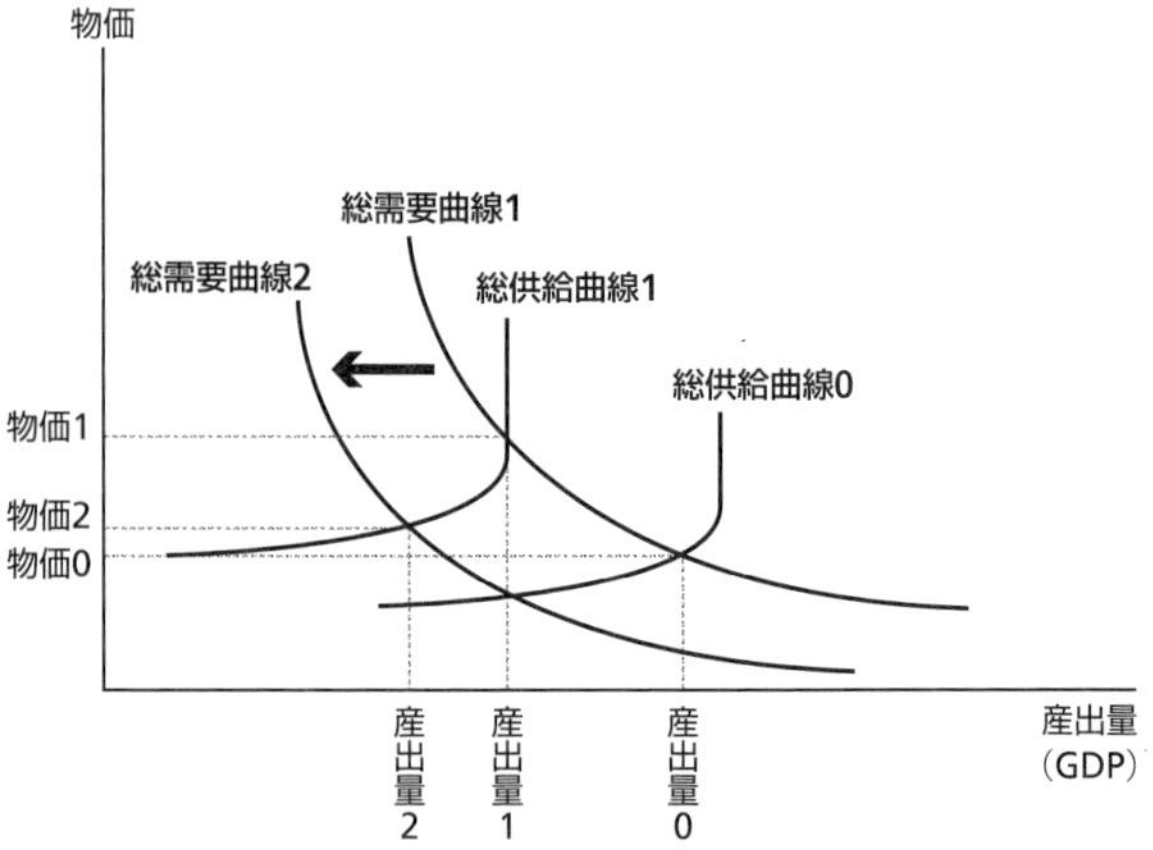

ず、一致して、長期のインフレ対策として、積極財政を支持したのは、興味深い。

もちろん、財政支出の拡大は、供給能力が完成するまでの間は、投資需要を拡大するものであるから、インフレをさらに高進してしまうリスクはある。しかし、一時的なインフレの悪化を甘受した後、供給能力が完成し稼働すれば、総供給曲線が右にシフトし、インフレが収束するだけではなく、経済成長も実現するのである（図表2－8）。

しかし、もし、コストプッシュ・インフレが起きているのに、それをデマンドプル・インフレと誤診し、デマンドプル・インフレ対策を処方してしまった場合は、どうなるであろうか。

それが、図表2－9になる。すなわち、需

要を削減して、総需要曲線を左にシフトしてしまうのである（総需要曲線1↓総需要曲線2）。すると、確かに、物価は下落して、インフレは収束している（物価1↓物価2）。しかし、産出量については、さらに減少してしまっている（産出量1↓産出量2）。これは、インフレを抑制するために、失業を増やし、国民生活に多大な犠牲を強いるという、本末転倒と言うべき政策である。

こうした誤診による失敗を回避するためにも、デマンドプル・インフレとコストプッシュ・インフレを区別することは、極めて重要である。インフレ対策とは、単に、物価を下げればよいというものではないのである。

資本主義経済の正常な状態はマイルドなデマンドプル・インフレ

図表2－4の総需要／総供給分析が示すように、デマンドプル・インフレは、物価の上昇と同時に、GDPを増やす方向へと働く。需要が供給能力を超えてしまった場合は、GDPは増えずに物価だけが上昇してしまう。しかし、供給能力の限界に達するまでは、デマンドプル・インフレは、GDPを増大させるのである。

言い換えれば、デマンドプル・インフレとは、需要が供給を上回っている、すなわち買い手が売り手より多いということであるから、モノを作れば売れ、仕事を探せば見つかるという状態である。したがって、企業は成長し、あるいは起業が増え、雇用が創出されて失業率は下がるであろう。デマンドプル・インフレは、それが供給能力を超えた極端なものにならず、インフレ率が数%程度のマイルドなものにとどまる場合は、経済を成長させるのである。したがって、順調な経済成長は、マイルドなデマンドプル・インフレを伴うものと考えるべきである。

さらに言えば、マイルドなデマンドプル・インフレは、資本主義経済の正常な状態だと言ってよい。とは、発達した産業資本主義の下では、後述するように戦争のような異常事態を除けば、ほとんどない。

なぜ、そう言えるのか。

それは、発達した資本主義の下では、需要が拡大して供給を上回ると、企業が需要の獲得を目指して、設備投資や雇用の増加などによって、供給を強化するからである。需要過剰とは、モノを作れば売れるという状態である。それを企業が見逃すはずがない。そして、資本主義経済においては、企業は容易に資金を調達して設備投資や雇用の増加を行うことができる（第四章参照）。こうして供給が拡大して需要に追い付けば、デマンドプル・インフレは収束する。

ただし、すでに述べたように、供給設備が完成して稼働した段階では、それは確かに「供給」であるが、設備投資の段階では投資という「需要」になる。したがって、需要の拡大は、

図表2-10　デマンドプル・インフレと経済成長

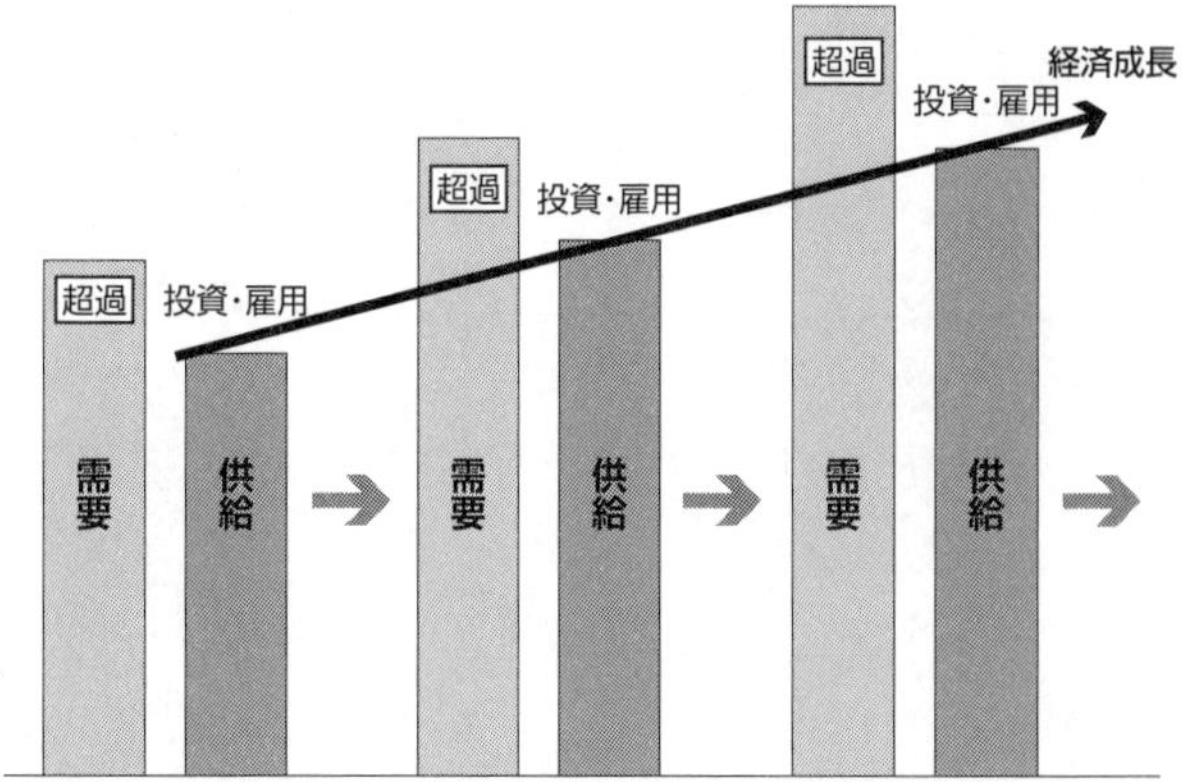

設備投資というさらなる需要を誘発し、需要をより超過させるが、設備が完成して稼働すれば、供給が増えて、需要と供給の間のギャップは狭まる。また、企業が雇用を増やせば、供給が増えて、需要と供給の間のギャップを埋めるだろうが、同時に、労働者の所得が増えるので、消費が拡大し、需要はさらに拡大する。この需要増と供給増のスパイラルが引き起こす現象が、いわゆる「経済成長」というものである（図表2－10）。

このように、マイルドなデマンドプル・インフレは、基本的には、正常な経済成長に伴って起きる現象であり、好ましいものであると言える。ただし、そうでない場合も考えられる。

例えば、産業資本主義が未発達の経済では、需要の増加に応じて、供給を増やすことが容易にはできない。このため、デマンドプル・インフレは、経済成長をもたらさず、ただ物価の高騰が国民生活を圧迫するだけにとどまる。産業資本主義以前の経済や開発途上国が、しばしばインフレに悩んできたのは、このためである。

また、突発的かつ大規模な戦争により軍事需要が急激に膨張するような場合には、先進国といえども供給が追い付かず、ただ物価が高騰して国民生活を圧迫するだけに終わるという場合もあるだろう。特に、軍事需要には、デマンドプル・インフレを悪化させやすい性質がある。というのも、軍事需要も供給の増加を誘引するのであろうが、その供給の大半は、あくまで軍事目的の設備や労働力、特に兵士である。しかし、軍事目的に限定された設備や労働力は、日常生活に必要な産業の供給力を増大させるものではない。このため、軍事需要の拡大は、民生の供給の増加を伴わず、一方的に需要のみを増大させがちなので、行き過ぎたデマンドプル・インフレを起こしやすい。

しかし、戦争のような例外を除けば、発達した産業資本主義の下では、デマンドプル・インフレは、需要増↓供給増↓需要増のスパイラルを働かせて、経済を成長させるのである。

ということは、デマンドプル・インフレとは逆に、物価が継続的に低下するデフレになると、正反対のスパイラルが働いて、経済は縮小することになるだろう。

インフレが「需要超過／供給不足」によって起きるのに対して、デフレは言うまでもなく

図表2-11　デフレスパイラル

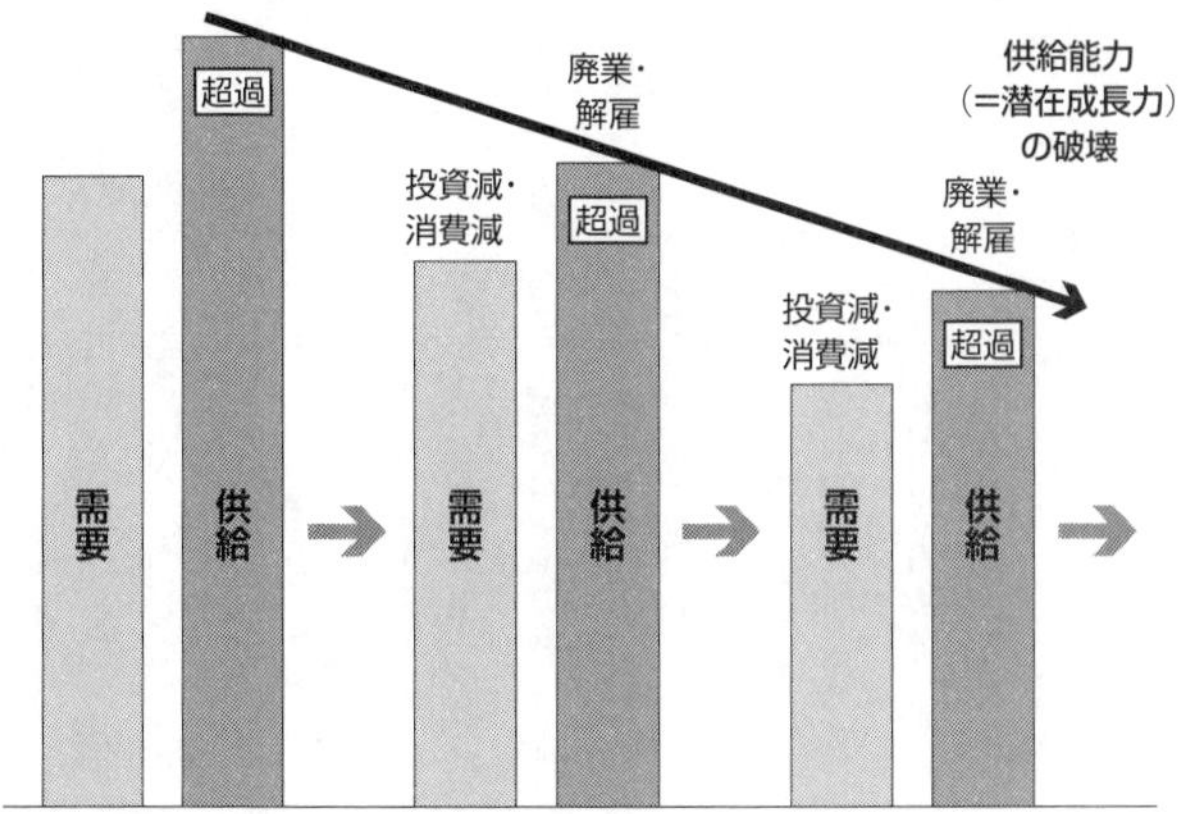

「需要不足／供給過剰」によって起きる。

需要が不足すると、モノを作っても売れなくなるので、企業は供給の縮小を余儀なくされるが、生産設備は容易に廃棄できるものではないので、設備の稼働率を低下させることで対応する。しかし、生産設備の稼働率の低下は赤字を招くから、それが続けば、企業は倒産せざるを得なくなる。企業が倒産すれば、設備投資も行われなくなるので、投資という需要はさらに減退する。また、企業は労働者を解雇することによって、供給を縮小させる場合もあるが、失業者は消費を抑制せざるを得ないので、失業者の増加は消費という需要をさらに減退させる。

この需要の縮小がさらなる需要の減退を招いて、経済を縮小させるという負のスパイラルが、デフレである（図表2－11）。

ここで注意すべきは、デフレのスパイラルにおいては、需要のみならず、設備や労働力といった供給能力も破壊されるということだ。供給能力とは、国民経済の潜在的な成長力を意味する。デフレは、国民経済の潜在的な成長力を破壊する恐るべき現象なのである。

デマンドプル・インフレは、それが極端なものでない限りは、正常な状態であり、むしろ経済成長や雇用の増加をもたらす望ましい現象ですらある。これに対し、デフレは絶対に回避しなければならない経済の病理と考えなければならない。したがって、経済政策は、インフレ率が数％程度のマイルドなデマンドプル・インフレの状態を目指し、デフレは絶対に回避するという方針を基本にして、運営される。だが日本は、一九九八年以降、二十年以上もデフレであったのだ。

コストプッシュ・インフレの言い換え

一般的には、経済成長や雇用の増大は、マイルドなインフレを伴う。不況に伴うのは、ディスインフレやデフレである。しかし、一九七〇年代には、物価が高騰しているにもかかわらず、不況になるという現象が起きた。これは、「スタグフレーション」と呼ばれている。二〇二二年に起きたインフレについても、スタグフレーションと評する論者もいる(10)。

好況がインフレを伴うというならば、不況とインフレという相反する現象が併存するスタグフレーションは、一見すると、奇妙なものに映る。このため、スタグフレーションの解釈については、経済学者の間で論争になってきた。

しかし、インフレには、「デマンドプル・インフレ」と「コストプッシュ・インフレ」の二種類があることを踏まえれば、スタグフレーションという現象を理解するのは難しくはない。というのも、すでに述べたように、好況を伴うインフレは、「デマンドプル・インフレ」であるが、「コストプッシュ・インフレ」は、そうではないからである。

コストプッシュ・インフレでは、供給不足による物価の上昇により、実質賃金が下がり購買力が減退するので、需要は縮小していく。供給不足による物価の上昇が不況を引き起こしているわけである（図表2－5）。

別の角度から見ると、コストプッシュ・インフレとは、需要が縮小していくという側面に関して言えば、デマンドプル・インフレよりむしろ、デフレに近い。コストプッシュ・インフレには、需要を縮小させるという意味で、デフレ圧力が発生していると言ってもよいであろう。いわゆる「スタグフレーション」とは、実は、「コストプッシュ・インフレ」を言い換えたものに過ぎないのである。

実際、一九七〇年代のアメリカにおけるスタグフレーションについて、プリンストン大学の経済学者アラン・ブラインダーは、供給側のショックによるものだと結論付けている。要するに、「コストプッシュ・インフレ」だったというわけである。

もともとブラインダーは、一九八二年の研究で、そのような結論に至っていたが、二〇〇八年に、FRBのジェレミー・ラッドとともに、新しく入手したデータなどに基づいて、再度、自説の妥当性を検証した(11)。

ブラインダーの結論を要約すれば、次の通りである。

まず、アメリカでは、インフレ率が二桁台に急騰したのは一九七三年から七四年、そして一九七八年から八〇年の二度である。

一九七三年から七四年のインフレの原因は、主に次のショックである。食料価格の高騰、エネルギー価格の高騰、そして、当時のリチャード・ニクソン政権が賃金物価統制を解除したことの三つである。いずれも、供給側の要因である。実際、一九七四年から七六年にかけて、食料価格とエネルギー価格が下落すると、高インフレもまた収束している。もちろん、需要側の要因によってインフレが促進された面もあったが、それは供給側の要因に比べれば小さなものであった。

一九七八年から八〇年にかけての高インフレについても、一九七八年については主に食料価格の高騰が原因で、それに不動産金利の上昇も若干関係している。そして一九七九年の二桁台のインフレ率は、エネルギー価格の急騰と不動産金利の上昇が引き起こしている。

このように、一九七〇年代のインフレは、エネルギー価格や食料価格の高騰に起因するコストプッシュ・インフレであった。そうであるなら、図表2－5が示すように、インフレと不況が併発しても何の不思議もない。スタグフレーションとは、コストプッシュ・インフレなのである。

なお、一九八二年から二〇〇七年まで、食料価格の高騰こそなかったものの、石油価格については幾度か高騰したことがあったにもかかわらず、アメリカは、一九七〇年代のようなスタグフレーションを経験することはなかった。その理由について、ブラインダーらは、アメリカ経済の石油依存度が低下したこと、自動車産業のシェアが低下したこと、石油価格の上昇が比較的緩やかであったこと、石油価格の高騰が世界経済の好況とともに起きたこと、中央銀行がインフレ抑止を重視して引き締め気味の金融政策をとっていたこと、そしてアメリカやその他の経済が石油価格の高騰に対して、よりフレキシブルに変化できるようになっていたことを挙げている。こうして、スタグフレーション（コストプッシュ・インフレ）は、もはや過去のものとみなされるようになっていった。

ところが、二〇二〇年代に入って、このスタグフレーションがよみがえってきたのである。

第三章　よみがえったスタグフレーション

第二次世界大戦後に起きた六回のインフレ

第二章において見てきたように、インフレは「デマンドプル・インフレ」と「コストプッシュ・インフレ」に大別できる上に、その原因はさまざまである。したがって、過去のインフレの経験が、直《ただ》ちに、現在のインフレ対策の教訓となるというわけではない。それぞれのインフレに関して、固有の原因を探り当てなければならないのである。

そのような作業の一例に、アメリカの大統領経済諮問委員会のブログに投稿された論考がある。これは、戦後に起きた各種のインフレと、二〇二一年のインフレを比較するものである。二〇二一年のアメリカは、新型コロナウイルスのパンデミックからの回復過程にあったが、それに伴ってインフレが起き、大きな問題となったのである。なお、このブログが掲載されたのは、ロシアによるウクライナ侵攻より前であり、したがって、ウクライナ戦争に伴うエネルギー価格や食料価格の高騰は、まだ起きていない頃である。

このブログによると、消費者物価上昇率が五%を超えたインフレは、二〇二一年のインフレ以前では、次の通り、六回あった(1)（図表3－1、図表3－2）。

①一九四六年七月～一九四八年十月

図表3-1　戦後のアメリカのインフレ

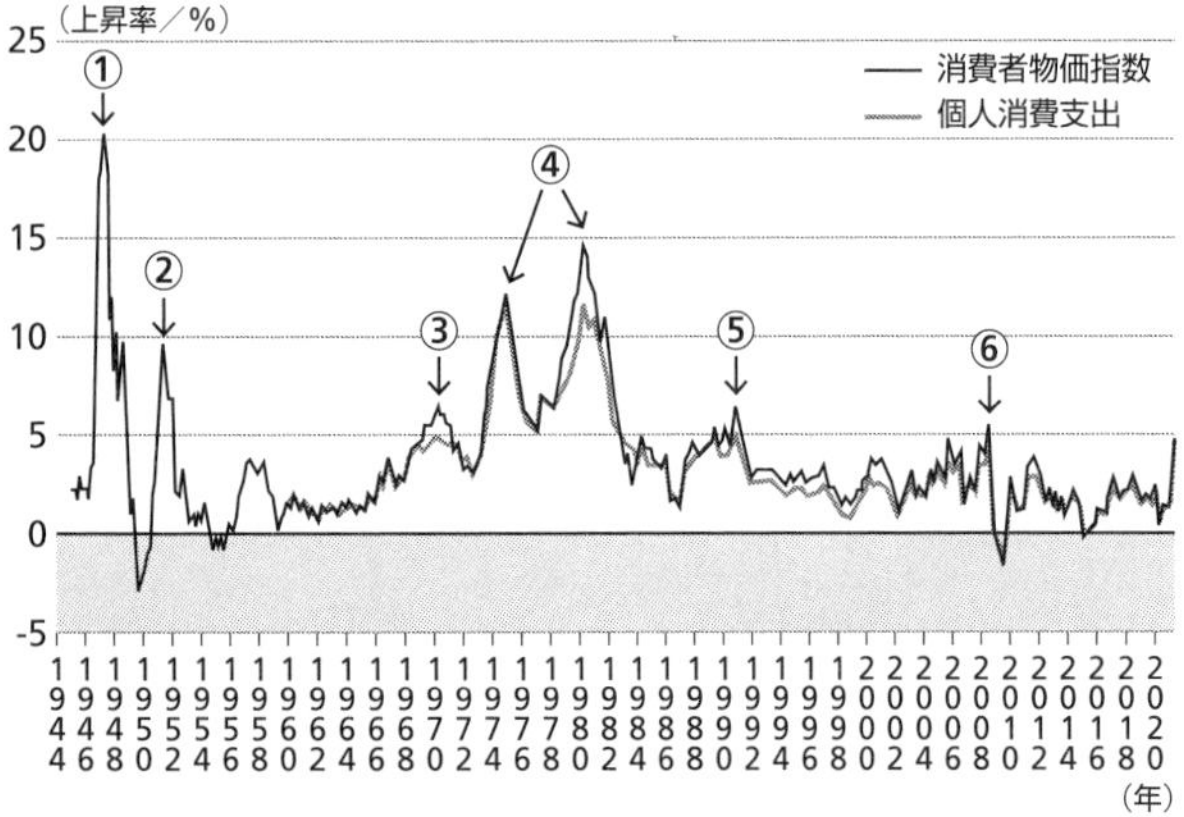

出典：Federal Reserve Economic Data(FRED), Analytics, CEA Calculations. Chair Cecilia Rouse, Jeffrey Zhang and Ernie Tedeschi, 'Historical Parallels to Today's Inflationary Episode, July 6, 2021'

図表3-2　戦後のアメリカのインフレの原因

時期	原因
① 1946年7月〜1948年10月	第二次世界大戦の終結により、戦時中の価格統制の廃止、供給不足、平和が戻って復活した需要
② 1950年12月〜1951年12月	朝鮮戦争
③ 1969年3月〜1971年1月	年平均成長率4.8%の好景気 ヴェトナム戦争
④ 1973年4月〜1982年10月	第一次石油危機（第四次中東戦争）、第二次石油危機（イラン革命）、食料不足、ドル安
⑤ 1989年4月〜1991年5月	イラクのクウェート侵攻、湾岸戦争
⑥ 2008年7月〜2008年8月	原油価格の高騰

第二次世界大戦の終結により、戦時中の価格統制の廃止、供給不足、そして平和が戻ったことで急に復活した需要が、二〇%超の高インフレを引き起こした。

②一九五〇年十二月〜一九五一年十二月
一九五〇年六月に始まった朝鮮戦争が高インフレの原因と見られる。

③一九六九年三月〜一九七一年一月
年平均成長率四・八%という好景気がインフレをもたらした。

④一九七三年四月〜一九八二年十月
二度にわたる石油危機が主な原因である。

このうち、第一次石油危機（一九七三年〜）は第四次中東戦争、第二次石油危機（一九七九年〜）はイラン革命という、いずれも地政学的な危機が引き起こしたものである。

なお、第二章で見たように、ブラインダーらは、石油危機に加えて、食料価格、賃金物価統制の廃止なども要因として加えている。また、ブレトン・ウッズ体制の崩壊と一九七三年の変動相場制への移行によるドル安もまた、アメリカのインフレ要因となったと考えられる。

⑤一九八九年四月から一九九一年五月
　イラクによるクウェート侵攻と湾岸戦争が石油価格の高騰をもたらした。

⑥二〇〇八年七月〜二〇〇八年八月
　原油価格の高騰が二カ月間、五%のインフレをもたらした。

これら六回のインフレのうち、②は朝鮮戦争という軍事需要、③は好景気による旺盛な需要が原因であるから、デマンドプル・インフレである。他方、④⑤⑥の原因は石油価格の高騰であるから、この三つはコストプッシュ・インフレである。なお、⑥はやや特殊で、前年にサブプライム危機に対処するためFRBが大規模な金融緩和を行った結果、過剰な資金が商品市場に流入し、原油価格の高騰を招いたのである。このインフレは、世界金融危機が勃発すると解消した。

これに対して、①については、終戦直後ゆえの供給不足が原因だという意味ではコストプッシュ・インフレと言える。その一方で、平和が戻ったことによって復活した需要という原因もあることから、デマンドプル・インフレの側面もある。したがって、①は、コストプッシュとデマンドプルが合わさったインフレ、言わば「複合インフレ」なのである。

なお、この大統領経済諮問委員会のブログの著者たちは言及していないが、実は③のインフレの時期には、ヴェトナム戦争があった。それゆえ、③においては、好景気に加えて、ヴェトナム戦争による軍事需要の拡大も、デマンドプル・インフレを引き起こしていた可能性がある。また、④のブレトン・ウッズ体制の崩壊は、その遠因が、ヴェトナム戦争による巨額の戦費がもたらしたアメリカの経常収支の赤字にあることにも留意しておく必要がある。

過去六回と比較し、今回のインフレをどう見るか

さて、過去六回のインフレと比較して、二〇二一年のインフレは、どう考えるべきか。このブログの著者たちは、このインフレの性格は、①の終戦直後のインフレに最も近いと論じている。

確かに、新型コロナウイルスのパンデミックの下でのロックダウンによる経済活動の抑圧、サービスからモノへの需要の代替、あるいは感染者の拡大がもたらした労働力不足、あるいは廃業などは、供給不足を引き起こした。また、国際的な原油価格の高騰も、コストプッシュ・インフレの要因として数えられる。その一方で、パンデミックによりテレワークやEコマース

（ネット通販）などの需要が急拡大し、デジタル産業が活況を呈しているが、それは半導体の需給の逼迫をもたらした。コロナ禍が一時的に収束すると、ペントアップ需要（抑圧された需要の解放）が急拡大した。さらにバイデン政権は、発足当初から、「米国救済計画」と称する一・九兆ドル（約二二〇兆円）の大規模経済対策を講じ、巨大な需要を創出した。

　このように考えると、現下のインフレは、コストプッシュとデマンドプルの複合インフレであり、その意味では、確かに終戦直後のインフレに近いと言える。

　これについて、ニューヨーク連邦準備銀行のジュリアン・ディ・ジョヴァンニは、二〇一九年から二〇二一年にかけてのインフレのうち、六〇％が需要側の要因により、四〇％が供給側の要因によるものと推計している。また二〇二一年末のインフレ率は九％程度であったが、もしパンデミック由来の供給制約がなければ、六％程度であったろうと試算している(2)。この六％という数値は平時としてはやや高いとは言え、コロナ禍からの回復過程でのペントアップ需要という特殊要因があったことを考慮すれば、それほど行き過ぎた水準とは言えない。むしろ、バイデン政権の「米国救済計画」による積極財政は見事に成功したと評してよいだろう。

　さて、先ほどの大統領経済諮問委員会のブログは、もう一つ、重要なことを示唆している。
それは、終戦後から二〇一九年までのアメリカにおいて起きた過去六回のインフレは、すべてコストプッシュ・インフレの要因を多かれ少なかれ含んでおり、純粋なデマンドプル・インフレは③のみだということである。しかも⑥を除く五回については、戦争などの地政学的な危機が何らかの形でかかわっていた。

そして、二〇二二年のスタグフレーションも、同年二月に始まったロシアによるウクライナ侵攻という地政学的な危機によって、原油、天然ガスあるいは小麦などの供給制約が生じたことで起きたコストプッシュ・インフレの性格が強い。

二〇二二年二月以降はコストプッシュ・インフレ

サンフランシスコ連邦準備銀行のアダム・ヘイル・シャピーロも、二〇二一年から二〇二二年にかけてのアメリカのインフレについて、その要因の半分以上が供給側の要因によるインフレ、要するにコストプッシュ・インフレであると推計している。供給側の要因とは、慢性的な労働力不足、そしてパンデミックやウクライナ戦争によるグローバルなサプライチェーンの寸断である。需要側の要因が大きな役割を果たしたのは二〇二一年春のみで、それ以外のインフレについて、需要側の要因で説明できるのは三分の一程度に過ぎないとシャピーロは主張している。[3] とりわけ、二〇二二年二月のロシアによるウクライナ侵攻後のインフレは、明らかにコストプッシュ・インフレの性格がより強い（図表3－3）。

ここで、第二章において強調した「デマンドプル・インフレ」と「コストプッシュ・インフ

図表3-3　年率換算のインフレ率(月次)への寄与度

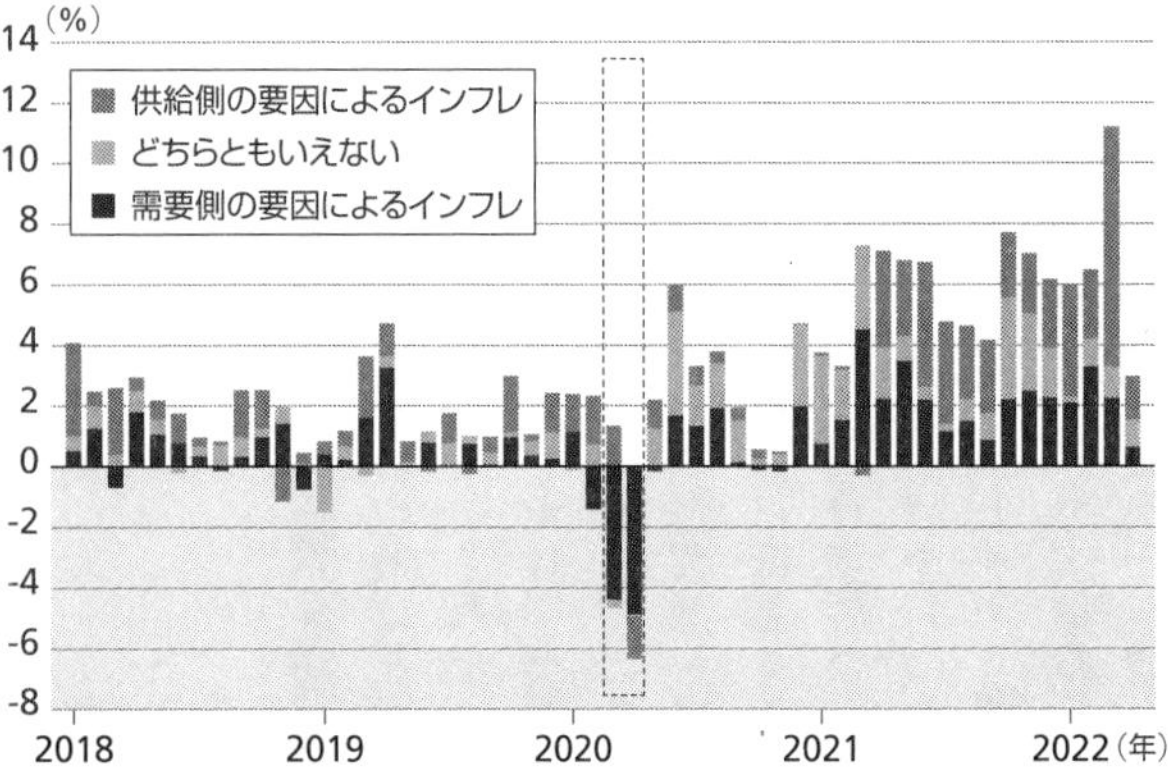

出典:Gray shading indicates NBER recession dates.
Adam Hale Shapiro, 'How Much Do Supply and Demand Drive Inflation?' FRBSF Economic Letter, June 21, 2022, figure3

レ」の大別が重要になってくる。

二〇二二年のインフレに対して、例えば、アメリカは、どのような政策によって対応しようとしたか。

金融政策に関して言えば、FRBは、急速な利上げによって応じたのである。

ジェローム・パウエルFRB議長は、二〇二二年八月二十六日のジャクソンホール会議において、「金融政策と物価安定」と題する講演を行い、金融引き締め政策を正当化している。この講演の中で、パウエルは、過去の金融政策の教訓として一九七〇年代の例を挙げ、インフレ率が上昇すればするほど人々は高インフレを予想するようになり、そのインフレ期待が賃金や価格決定の中に組み込まれて、さらなるインフレの高進を招いたと論じた。そして、インフレ抑制が家計や企業に痛みをもたらすことは認めつつも、「物価の安定を取り戻せなければ、さらに大きな痛みを伴うことになる」と述べたのである。[4] そして、FRBは、九月も、政策金利を〇・七五%引き上げ、三・〇〜三・二五%とすることを決定した。

FRBによる利上げは誤った政策

しかし、金融引き締め政策は需要を抑制するものであり、もっと率直に言えば、敢えて景気を悪化させる政策である。それは、需要が供給能力を超えて拡大することで起きるデマンドプル・インフレの対策としては、理論的には正しいのかもしれない。しかし、先ほど見たように、二〇二二年二月以降のインフレの主たる原因がコストプッシュ・インフレであるとしたならば、金融の引き締めは、誤った政策と言わざるを得ない。コストプッシュ・インフレ下での利上げは、確かにインフレ自体は抑制できるのかもしれないが、その結果として、パウエル自身も認めるように、家計や企業は犠牲になるからである（図表2－3、図表2－9）。

パウエル議長は、利上げを行った理由として、インフレ期待が高まることを恐れたことを挙げている。しかし、セントルイス連邦準備銀行のビル・デュポアらによる二〇一五年の研究によれば、戦後のアメリカで、積極的な財政政策がインフレ期待を高めてインフレを起こしたことはほぼなかった。中央銀行が積極財政によるインフレ効果を利上げによって相殺するという政策をとっていなかった一九五九年から一九七九年や、世界金融危機対策として巨額の財政出動が行われた二〇〇九年ですら、インフレ期待を通じたインフレ効果はわずかに過ぎなかったのである。(5)

IMFは利上げによる世界的景気後退を懸念

二〇二二年七月、国際通貨基金（ＩＭＦ）は、世界経済見通し改訂版を出し、一九八〇年代初頭に先進国でインフレ対策として行われた金融引き締め政策がその代価として高失業率を伴ったことを引き合いに出しつつ、現在、インフレ対策として行われている利上げが経済を停滞させる可能性があると指摘し、二〇二三年の景気後退リスクは特に顕著であり、特にアメリカの景気後退は不可避だという予測を示した。

また、ＩＭＦは、ドル建て純債務を多く抱える新興国と発展途上国は通貨安や資本逃避を被り、債務不履行に陥る可能性を懸念している。先進国の中央銀行が利上げを実施するのに伴って、世界中の金融環境がタイトになり、借入れコストが上昇するからである。これにも先例がある。一九七〇年代、石油価格の高騰により、石油輸出国の余剰資金が新興市場国の債券市場に流入したが、一九八〇年代初頭に先進国がインフレ対策として金融引き締め政策を行ったために、資金の流れが反転し、南米諸国を中心に債務問題が起きた。ＩＭＦは、現在の状況は当

図表3-4　新興市場国の債務——高まる脆弱性（3週間平均）

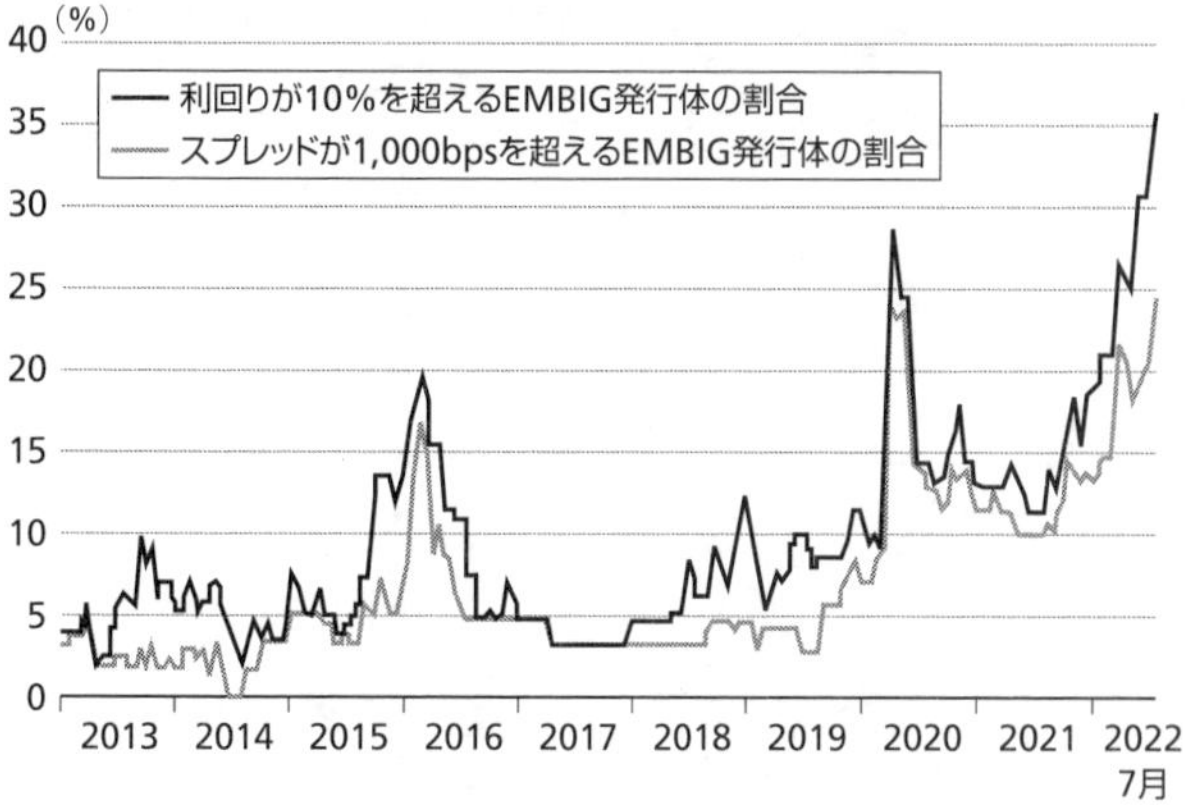

出典：Bloomberg Finance LP.、JPモルガン新興国債券指数、IMF職員による試算（bpsはベーシスポイントを、EMBIGは新興国債券指数であるEMBIグローバルを指す）
国際通貨基金「世界経済見通し改訂版：陰り見え、不透明感増す」2022年7月、図7

時とは違うとは言え、コロナ禍もあって多くの国は公的債務を拡大させており、新興市場国の脆弱性は高まっていると懸念している[6]（図表3－4）。

IMFは、一九七〇年代のインフレと八〇年代初頭のインフレ対策の経験を参考にしているが、これは適切である。第二章においてアラン・ブラインダーらの議論を参照したが、一九七〇年代のインフレは、エネルギー価格や食料価格の高騰によるコストプッシュ・インフレとしての性格が顕著である。そして、二〇二二年のインフレも、エネルギー価格や食料価格の高騰によるコストプッシュ・インフレによるところが大きい。

アメリカは、一九八〇年代初頭も二〇二二年も、インフレ対策として利上げを実施した。

しかし、コストプッシュ・インフレ対策は、その原因である供給制約の緩和を目指すべきものである。そして、二〇二二年のコストプッシュ・インフレの主な原因は、パンデミックやウクライナ戦争によるエネルギーや食料のサプライチェーンの寸断にある。このサプライチェーンの問題を解決する上で、利上げは何の役にも立たない。

いや、役に立たないどころか、景気後退、高失業率、さらには新興国・発展途上国の債務問題の悪化や金融危機などの弊害をもたらす。さらに言えば、アメリカの利上げによるドル高は、アメリカ以外の国々の自国通貨安を招くので、アメリカを除く各国は、輸入財の価格高騰によるコストプッシュ・インフレに襲われることとなる。アメリカは、言わばコストプッシュ・インフレを輸出しているのだ。

ＩＭＦ[7]や世界銀行[8]、ＵＮＣＴＡＤ（国連貿易開発会議）も、利上げによる世界的な景気後退を懸念している。特にＵＮＣＴＡＤは、二〇二二年版貿易開発報告書の中で次のように書いている。

今日、インフレは、グローバル・サプライチェーンの寸断、コンテナ輸送費の高騰、戦争が重要産業に与えた衝撃、マークアップ率の上昇、商品市場における投機、そして変異するパンデミックの不確実性といった要因の複合が引き起こしたものである。こういう状況下では、中央銀行には、犠牲を社会的に許容可能な範囲内に収めたまま、インフレを抑制することは不可能である。その代わりに、サプライチェーンの寸断や労働力不足が要請するのは、中期的に重要な財の供給を増やすための適切な産業政策である。…その間、政策担当者は、社会的に望ましい方法でインフレを抑制する代わりの行動を真剣に模索すべきである。それには、戦略的価格統制、重要市場における投機の抑制、社会的弱者に対する所得支援や債務免除が含まれる。[9]

コストプッシュ・インフレ対策としては利上げは逆効果

さらに言えば、利上げは、インフレ対策としては、むしろ逆効果ですらある可能性もある。例えば、利上げによって借入れコストが上昇すると、価格支配力の強い独占企業であれば、利益を確保しようとして、かえって価格を吊り上げる可能性がある。このように、利上げには、物価を押し下げる作用だけではなく、押し上げる作用も働くので、インフレ対策としての有効性すら怪しい。実際、インフレに対する金利変化の影響は小さいとする実証研究は多くあり、一%の金利の変化は物価水準を〇・二〜〇・三%変化させるに過ぎないとする研究もある。[10]だとすると、インフレを実効的に抑制するには、極端な利上げをせざるを得ず、それは極めて深刻な副作用をもたらすことになる。

より長期的に見れば、利上げによって企業の設備投資が減退するならば、供給能力の拡大のための投資が行われないということになる。すなわち、金融引き締め政策は、長期的にはコストプッシュ・インフレの圧力（供給制約）を緩和するのではなく、むしろ強化してしまうのだ。

他方、バイデン政権は、インフレ対策として、二〇二二年八月、「インフレ削減法」を成立させた。同法は、クリーン・エネルギーや電気自動車の普及促進など気候変動対策や公的医療保険の延長などを含む四三七〇億ドルの歳出、政府による薬価交渉、一五％の最低法人税率の設定などを含み、七三九〇億ドルの歳入を見込んでいる。このうち、気候変動対策のための財政支出の拡大や薬価の引き下げは、コストプッシュ・インフレ対策として正しいと言えるであろう。しかし、こうしたインフレ削減法による効果も、ＦＲＢによる金融引き締め政策がもたらす悪影響が相殺してしまうであろう。

また、バイデン政権は、経済安全保障を重視し、製造業のサプライチェーンや研究開発拠点を国内に回帰させようとしている。しかし、利上げやドル高は、その製造業の国内回帰を妨げることとなろう。経済安全保障上の観点からも、利上げは悪手なのである。

二〇二一年にインフレが問題となった際、アメリカの経済学者たちは、この突然のインフレを、コロナ禍からの回復過程がもたらした一時的なものとみなす「過渡的派」と、過度な財政出動がもたらしたとする「持続的派」に分かれて論争を行ったことは、第二章で述べた。

「過渡的派」は、二〇二二年の後半にはインフレは収束すると予想していたが、実際には、そうはならず、「過渡的派」のイエレン財務長官は間違いを認めた。しかし、二〇二二年のインフレがロシアによるウクライナ侵攻によってもたらされた部分が大きいのだとしたら、「過渡的派」の予想の誤りを非難するのは不当であろう。ロシアによるウクライナ侵攻を半年前に予測することなど、不可能だからだ。

他方、サマーズなど「持続的派」は、二〇二二年に入ってインフレが高進したのを見て凱歌《がいか》を揚げ、利上げを強硬に主張した。確かに、高インフレは持続したが、しかし、インフレの診断とその処方箋において、「持続的派」は間違っている。二〇二一年以降のインフレは、コストプッシュ・インフレとデマンドプル・インフレの複合インフレなのであり、特に二〇二二年は前者の性格が色濃かった。しかし、「持続的派」はそういう区分をせず、ただインフレを抑制するために、利上げや歳出抑制を主張したのである。

一九七〇年代よりはるかに複雑で深刻な事態

一九七〇年代のスタグフレーションは、エネルギー価格や食料価格の高騰によるコストプッシュ・インフレであった。二〇二二年のスタグフレーションも、同じくエネルギー価格や食料価格の高騰によるものである。したがって、二〇二二年のスタグフレーションを分析するにあたっては、四十年前の経験は参考にはなる。

しかしながら、それでもなお、一九七〇年代と二〇二〇年代とでは、大きな違いがあることにも注意しなければならない。その違いを考慮すると、我々が直面しているスタグフレーションは、実は、約半世紀前のそれよりもはるかに深刻であるかもしれないのである。

第二章において見たように、ブラインダーたちは、一九八二年から二〇〇七年までのアメリカが石油価格の高騰があってもスタグフレーションを経験することはなかった理由として、石油依存度が低下したこと、自動車産業のシェアが低下したこと、中央銀行が物価の安定を優先して引き締め気味の金融政策をとっていたこと、石油価格の高騰に対してフレキシブルに変化できる経済構造になっていたことを挙げていた。

二〇二〇年代も、これらの条件を満たしているように思われる。それにもかかわらず、スタグフレーションは再発した。

なぜ、スタグフレーションは再発したのか。それについては、二〇〇八年から二〇二〇年の間に、スタグフレーションを再発させるような構造変化が起きていたからだという仮説を立てることができる。

一九七〇年代と二〇二〇年代のスタグフレーションの違いは、以下の通りである（図表3－5）。

図表3-5　1970年代と2020年代のスタグフレーション

	一九七〇年代	現在
原因	第四次中東戦争、イラン革命	米中貿易戦争、コロナ渦、ロシアによるウクライナ侵攻、気候変動、少子高齢化、株主資本主義、緊縮財政
供給制約	主に原油	原油、天然ガス、食料、希少金属、希ガス、半導体、労働力
人口	増大	減少
経済成長	安定成長	長期停滞
賃金	上昇局面	低迷
グローバリゼーション	開始前	終焉
地政学的環境	G7	Gゼロ

①原因

一九七〇年代のスタグフレーションの主な原因は、すでに述べたように、第四次中東戦争とイラン革命である。

これに対して、二〇二〇年代のスタグフレーションの原因は、ロシアによるウクライナ侵攻だけではない。米中貿易戦争、新型コロナウイルスのパンデミック、気候変動、脱炭素政策の推進もまた、供給制約をもたらしていた。さらに長期的に見れば、少子高齢化は、日本や先進諸国に限らず、中国ですら見舞われており、生産年齢人口の供給を制約していくものとなる。

加えて、二十世紀末以降、グローバリゼーションの潮流によって、各国は、供給能力の海外依存度を高め、国内の供給能力を空洞化させてきた。さらに、先進諸国で顕著になっていた株主資本主義化（後述する「金融化」）や緊縮財政は、中長期的な設備投資や公共投資を抑制していたがために、先進諸国、とりわけ日本の供給能力は弱体化している。

②供給制約

一九七〇年代のスタグフレーションでは、供給制約となったのは主に原油であった。

二〇二〇年代のスタグフレーションでは、エネルギー価格の高騰は、一九七〇年代の時ほどではなかった。ただし、供給制約による価格上昇は、原油、天然ガスに限らず、小麦をはじめとする食料、希少金属、希ガス、半導体など、広範に及んだ（図表3－6）。また、③で述べるように、労働力の供給制約も厳しくなっているのである。

③人口

一九七〇年代は、人口増大の局面にあった。

ところが、二〇二〇年代は、少子高齢化、すなわち、労働力の供給制約がいっそう厳しくなっていく局面にある。

図表3-6　最近の商品価格上昇と1970年代の商品価格上昇の比較

A. 原油価格は1970年代に大幅に上昇

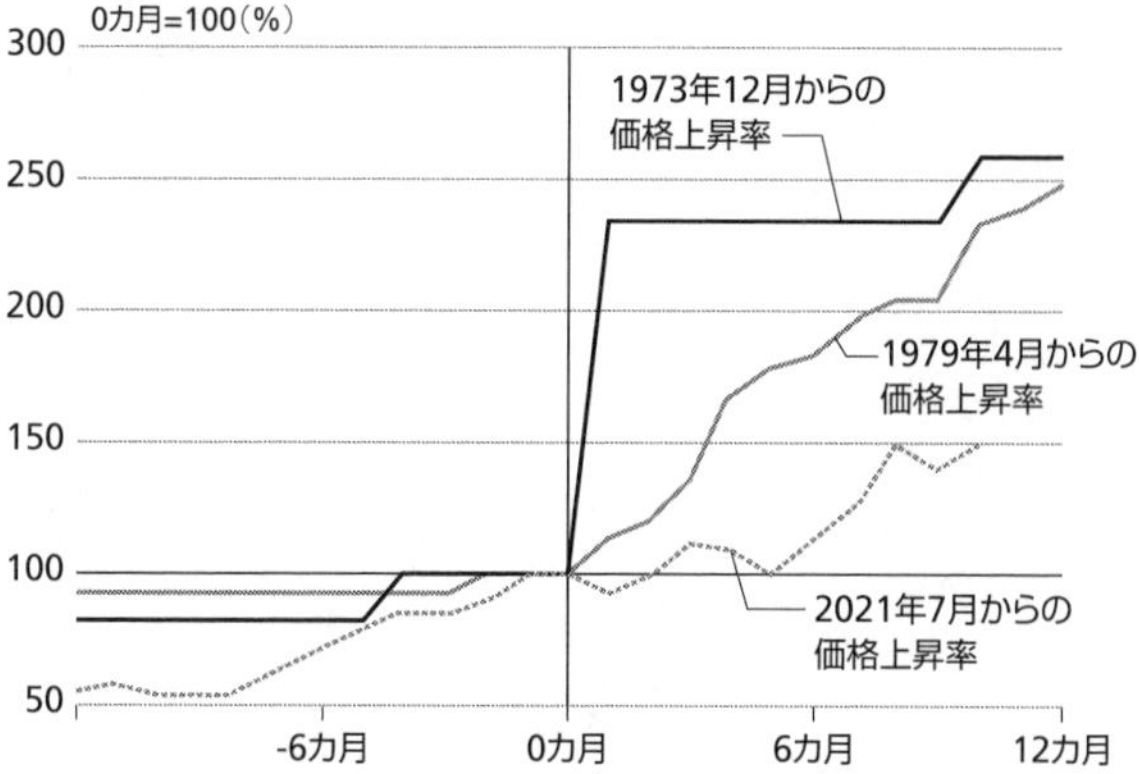

B. 今回はより広範に商品価格が上昇

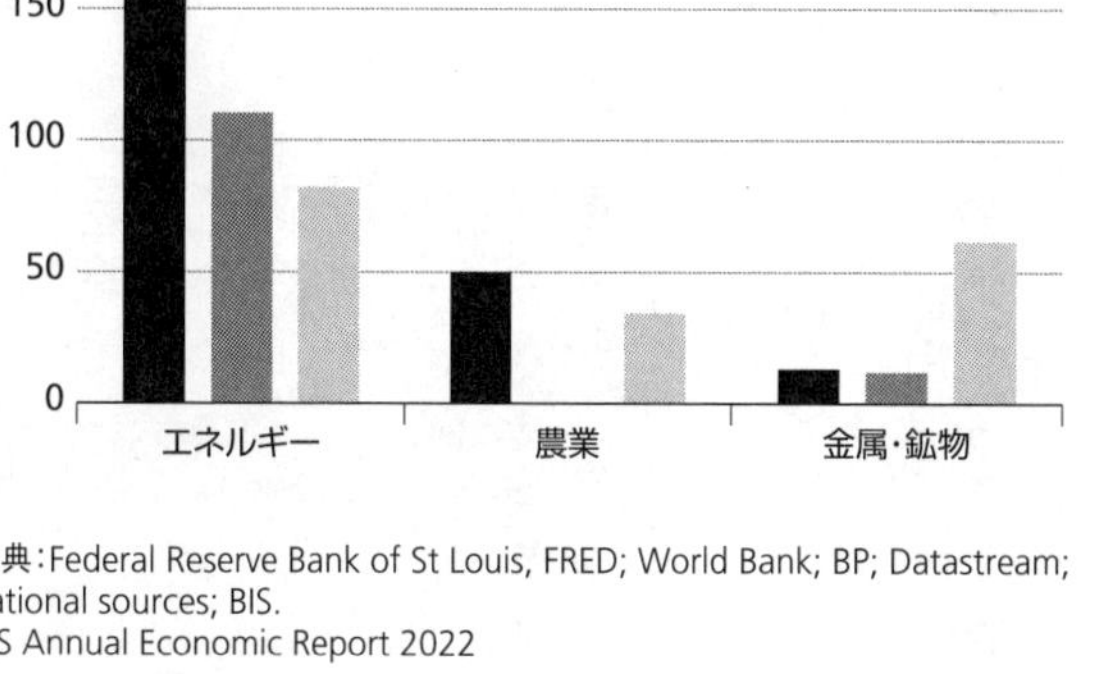

出典：Federal Reserve Bank of St Louis, FRED; World Bank; BP; Datastream; national sources; BIS.
BIS Annual Economic Report 2022

④経済成長

一九七〇年代のスタグフレーション以前の先進諸国、とりわけ日本は高度経済成長を謳歌していた。二度の石油危機を契機に高度成長は終焉し、安定成長期に入ったと言われるが、それでも一九八〇年代は三％程度の成長率を維持した。

ところが現在は大きく異なる。二〇〇八年の世界金融危機以降、先進諸国は「長期停滞」に見舞われており、特に日本の長期停滞は二十年以上にも及んでいた。さらに二〇一〇年代後半には中国経済すらも成長が鈍化し、世界経済全体が停滞していた。しかも、そこに新型コロナウイルスのパンデミックが襲った。このように、世界経済はすでに危機的であったところに、今回のロシアによるウクライナ侵攻が勃発したのである。

⑤賃金

一九七〇年代は、労働組合の力が依然として強く、賃金は上昇局面にあった。それゆえ、物価上昇と賃金上昇というインフレのスパイラルが発生した。したがって、インフレ対策として賃金の伸びを抑圧するという余地がないわけではなかった。賃金の上昇が、ある意味、バッファーの役割を果たしていたわけだ。

しかしながら、現在は、労働組合の交渉力が弱体化しており、先進諸国の賃金の伸びは鈍い。

とりわけ日本は長期にわたって賃金が低迷しており、所得が下がる中で物価が上昇するという深刻な事態となっている。

⑥グローバリゼーション

一九七〇年代のスタグフレーションの後、一九八〇年頃から、いわゆるグローバリゼーションが始まった。後述するように、グローバリゼーションには、インフレを抑制する効果がある。特に、一九七八年以降、中国が改革開放政策へと転換し、世界経済に組み込まれていき、世界経済に安価な労働力を供給したことは、インフレの抑制に大きく貢献した。

対照的に、現下のスタグフレーションは、第一章で論じたように、二〇〇八年の世界金融危機以降のグローバリゼーションが鈍化していく過程の中で勃発した。そして、ロシアによるウクライナ侵攻は、グローバリゼーションの終わりを決定付けるものとなった。

歴史的に見れば、グローバリゼーションとは、二つのスタグフレーションの間に起きた現象だったのである。

⑦地政学的環境

一九七〇年代は、ブレトン・ウッズ体制の崩壊やヴェトナム戦争など、西側世界におけるアメリカの覇権的地位が低下し始めていた。しかし、その一方で、G7体制が確立された時期でもあった。その後、米ソの緊張緩和、さらには冷戦の終結により、一九九〇年代以降は、アメリカ一極主義となり、その下でグローバリゼーションも進んだ。

しかし、これも第一章で明らかにした通り、今日、アメリカ一極主義は終焉し、世界は多極化、あるいは無極化した状態となっている。そのため、地政学的環境は著しく不安定化している。ロシアによるウクライナ侵攻は、その地政学的不安定化の一つに過ぎず、こうした紛争は今後も起きうる。とりわけ、東アジアにおける地政学的なリスクはかつてなく高まっており、台湾や尖閣諸島などを巡って、中国とアメリカやその同盟諸国が衝突する可能性が懸念されている。また、ロシアによるウクライナ侵攻が引き起こした食料価格やエネルギー価格の高騰は、新興国の政情を不安定化し、地政学的リスクをさらに高めるであろう。現在の地政学的環境は、一九七〇年代よりもはるかに不安定化しているのである。

このように、今日のスタグフレーションは、その取り巻く国際環境までをも考慮するならば、一九七〇年代の石油危機によるものよりも、はるかに複雑で深刻だと考えなければならない。

世界的な少子高齢化から生じるインフレ圧力

現代のスタグフレーションを引き起こしている複雑な諸要因のうち、チャールズ・グッドハートとマノジ・プラダンは、世界的な少子高齢化と脱グローバリゼーションという構造変化を特に重視している[11]。

グッドハートらの議論を要約すれば、次の通りである。

先進国では、一九六〇年代後半以降、ベビーブーマーたちが社会に労働力として参画していき、女性の労働参加も増えることで、労働供給を増加させていた。それに加えて、冷戦終結後、中国と東ヨーロッパが世界市場に組み込まれ、安価な労働力を大量に供給するようになった。特に、中国の生産年齢人口の増加のインパクトは大きく、一九九〇年から二〇一七年にかけて、二億四千万人以上も生産年齢人口を増加させた。これは、同じ期間のヨーロッパとアメリカを合わせた生産年齢人口の増分の四倍以上である。冷戦後、この膨大で安価な労働力を享受すべく、グローバリゼーションが推し進められた。企業は、中国や東ヨーロッパなどの新興国からの製品の輸入や労働力の受け入れにより、あるいは中国など新興国に生産拠点を移すことで、生産コストを引き下げ、安価な製品やサービスの供給を実現した。こうした要因により、長期に及ぶ低インフレが実現したのである。

しかし、このグローバルな生産年齢人口という好条件が、二〇一〇年以降、失われていくこ

図表3-7　世界の生産年齢人口は減少に転じた

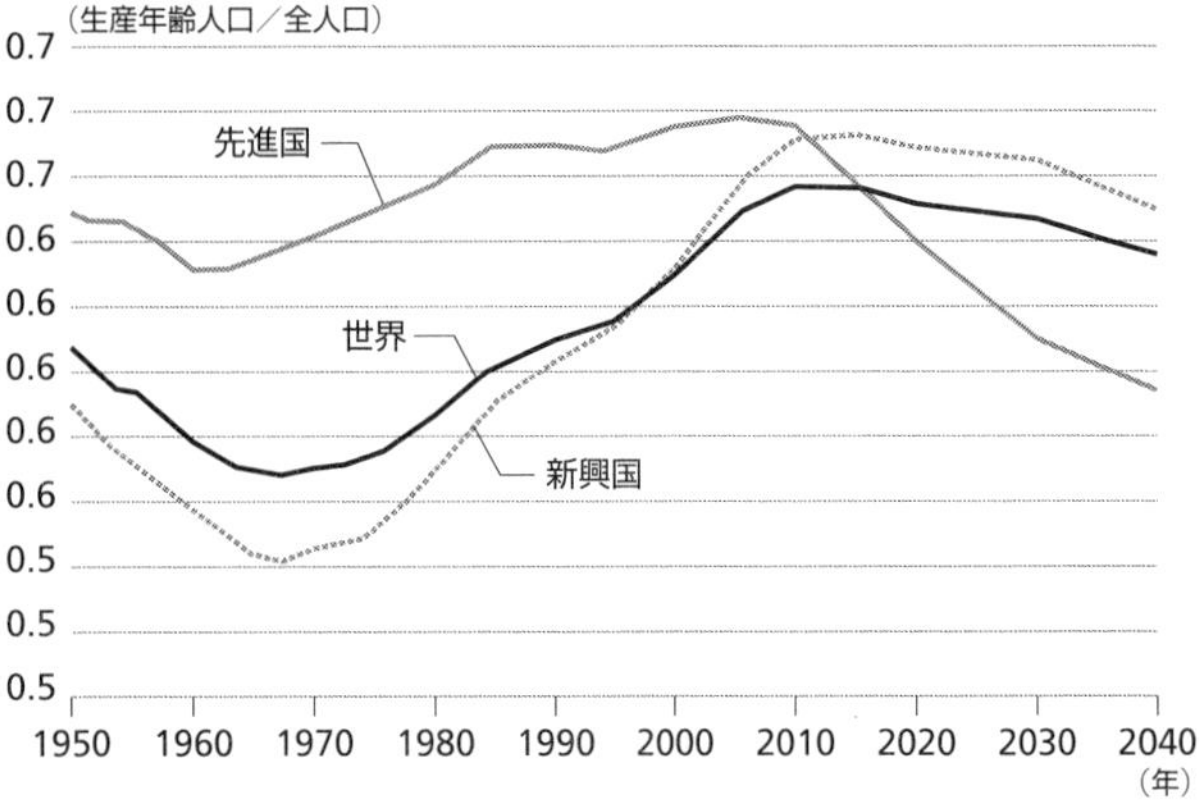

出典：UN World Population Database.
Charles Goodhart and Manoj Pradhan, ‘Demographics Will Reverse Three Multi-Decade Global Trends’, BIS Working Papers, No.656, August 2017, Graph 5

とになる。

まず、先進諸国において、二〇一〇年以降、少子高齢化が進み、総人口に占める生産年齢人口の比率が急速に減少していった。時を同じくして、新興国においても、先進国ほどではないものの、生産年齢人口の比率が減少に転じていった（図表3－7）。また、これまで労働力の有力な供給源であった中国や東ヨーロッパでも、従属人口（十五歳未満の年少人口と六十五歳以上の老年人口の合計）は、二〇一〇年あたりから減少から増加へと転じている（図表3－8）。中国も東ヨーロッパも、これまでのように安価な労働力を大量に供給することができなくなったのだ。これは、世界的な労働力不足が起きるということであり、インフレ圧力が生じるということである。

図表3-8　中国と東ヨーロッパの従属人口は減少から増加へ

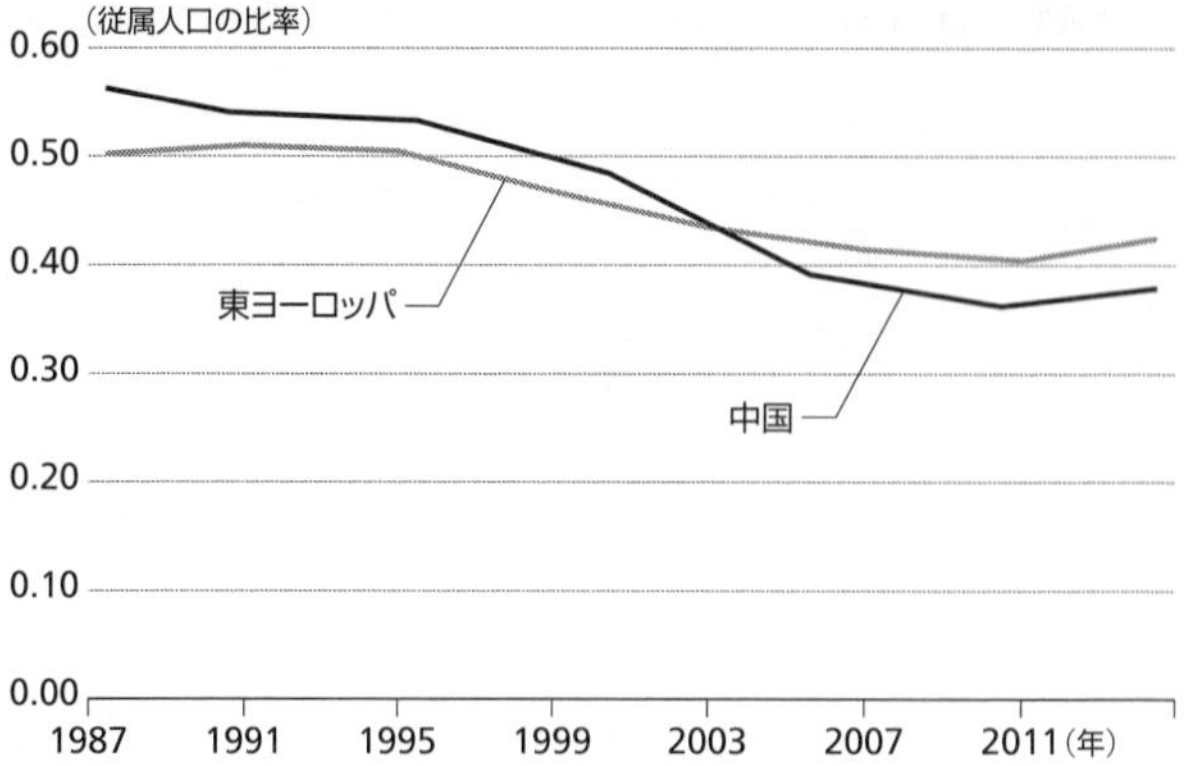

出典：UN World Population Database.
Charles Goodhart and Manoj Pradhan, ‘Demographics Will Reverse Three Multi-Decade Global Trends’, BIS Working Papers, No.656, August 2017, Graph 15

加えて、少子高齢化が進み、従属人口の比率が高まるということは、社会保障費の増大を招き、デマンドプル・インフレの圧力となる。このインフレ圧力を緩和するためには社会保障費の増加を抑制する必要があるが、それは政治的には難しい。

こうして、少子高齢化という人口構成の変化のトレンドは、インフレを恒常化させるのである。

気候変動、軍事需要、長期的投資の減退

ところで、日本は、他の先進諸国に先んじて、少子高齢化を経験し、労働力不足や社会保障費の増大に直面していた。それにもかかわらず、日本は、インフレに悩むのではなく、その逆にデフレあるいはディスインフレに苦

しんでいたのである。なぜ、生産年齢人口の減少という人口構成の変化にもかかわらず、これまでの日本は、インフレを経験しなかったのであろうか。グッドハートらは、その答えをグローバリゼーションに求めている。日本の企業は、海外投資を進め、生産拠点を積極的に中国など新興国に移転することで、国内の人口減少にもかかわらず、豊富で安価な労働力を享受していたというわけである[12]。

しかし、中国は、もはや安価な労働力の供給源となり得なくなった。これに対して、次なる労働力の供給源として、人口が増加しているインドやアフリカに期待する議論がある。しかし、グッドハートらは、インドやアフリカが中国のようなグローバルな労働力の供給源になることは考えにくいとしている。その一つの理由として、先進諸国において成長が鈍化している現在、海外に生産拠点を移したり、外国人労働者を受け入れたりすることに対する政治的な抵抗がより強くなっていることが挙げられる。要するに、グローバリゼーションがすでに終わってしまっているということだ。

このように、グッドハートとプラダンは、少子高齢化という人口構成の変化とグローバリゼーションの終焉をもって、長期的なインフレのトレンドを予測した。この予測は的確だが、他にも、重要なインフレ発生源を少なくとも三つ追加することができる。

第一に、気候変動によってもたらされるインフレである。すでに、二〇二二年だけとっても、ヨーロッパや中国は記録的な干ばつに見舞われた一方で、パキスタンでは国土の三分の一が水没するという大水害に襲われた。こうした異常気象は農業に打撃を与え、食料価格の高騰を招く。また、干ばつによる水不足は、水力発電や原子力発電の稼働率を引き下げるので、エネルギー価格も高騰することになる。

第二に、グローバリゼーションの終焉に伴う地政学的な不安定化により、各国において軍事需要が増加することが見込まれることである。すでに二〇二二年のロシアによるウクライナ侵攻により、アメリカ、カナダ、オーストラリア、ヨーロッパ諸国、そして日本ですら防衛費を増加させる方向へと舵を切った。特に、NATOは、GDPの二％を軍事費に充て、今後七年間でヨーロッパの軍事費を二五％増加させることを目標としている。スウェーデンは中立国としての立場を放棄し、NATOに加盟し、この目標を目指すこととなったが、そうなるとスウェーデンの軍事支出はおよそ六割増えることとなる。平和主義的であったドイツですら、国防費として一千億ユーロの特別資金を拠出することを決定し、NATOの目標の達成を目指している。

すでに述べたように、軍事需要は、後に生産能力を高めて供給を増加させるという性格を欠いているため、インフレをより起こしやすい。しかも、一国の軍拡は、その敵国の軍拡を招き、軍拡競争へとエスカレートしがちなので、デマンドプル・インフレの圧力もエスカレートする可能性が高い。そして、実際に戦争が起きれば、供給設備が破壊され、サプライチェーンは寸断し、生産年齢の男子は兵士として徴用されて労働力が不足するので、深刻なコストプッシュ・インフレをも引き起こすであろう。

第三に、地政学的不安定化や気候変動は、将来に対する不確実性を著しく高める[13]。高い不確実性の下では、民間企業は、長期的な視点に立った投資を行うことが困難になる。長期的な投資の減退は、将来、生産能力の不足を招き、コストプッシュ・インフレを引き起こしやすくするであろう。

しかしながら、もし少子高齢化によって、労働力が不足するというのであれば、労働者側の交渉力が高まり、賃金は上昇することになる。加えて、グローバリゼーションが終焉したために生産拠点を海外に移転しづらくなる。そうなると、企業は、国内において、設備投資や研究開発投資をより積極的に行うようになるはずだ。したがって、国内投資の促進と賃金の上昇は需要を拡大し、同時に投資は供給力を強化するから、賃金の上昇を伴う健全な経済成長が期待できるのかもしれない。

だが、グッドハートらは、そのような楽観的な観測に対して、留保を付している。というのも、企業統治が株主重視へと改造されてしまっているという問題があるというのである。

今日、株主重視の企業統治が定着しているために、経営者たちが資本市場の圧力を受けて短期的利益を追求するようになっており、長期的な視点に立った設備投資や研究開発投資よりも、債務を増やして自社株買いを行う傾向にある。企業がより債務に依存するようになれば、経済全体に占める債務の比率が高まり、経済は金融危機に対して脆弱になるだろう。また、設備投資や研究開発投資が鈍化するならば、供給制約は解消しないので、経済の停滞が続くであろう。

この企業統治の問題に関する指摘は、非常に重要である。

「金融化」がもたらした株主重視の企業統治

実は、この株主重視の企業統治の成立は、一九七〇年代のコストプッシュ・インフレと深い関係にあった。その経緯は、次の通りである。

一九七九年の第二次石油危機によりインフレが起きると、同年、FRB議長に就任したポール・ヴォルカーは、インフレ対策として高金利政策を断行した。しかし、すでに述べたように、コストプッシュ・インフレの性格が強かった当時のインフレに対して、需要を抑制する金融引き締め政策によって応じるのは、悪手である。それにもかかわらず、ヴォルカーが実施した高金利政策は、一九八一年には政策金利が約二〇％に達するという、極端なものであった。

このいわゆる「ヴォルカー・ショック」の結果、海外資本が高い金利を求めてアメリカの金融市場に大量に流入した。さらに、アメリカ政府は、自由市場が最適な資源配分を実現するという新自由主義の信念に従って、国内金融市場の規制緩和を実施したので、金融市場はいっそう膨張した。その結果、金融市場は不安定化し、将来に対する不確実性が高まっていった。不確実性が高まり、かつ高金利の環境下では、企業は、より短期間で投資を回収し、かつ高いリターンを求めざるを得なくなる。このため、非金融法人の経営者は、資金を生産設備から金融資産へと振り向けるようになり、経済における金融部門の支配力が優勢となった[14]。

この金融部門の支配力が強まるという現象は、「金融化（financialisation）」と呼ばれている。金融化の進展によって支配力を強めた資本市場は、企業に対し、短期的なリターンを最大化するよう圧力をかけるようになった。その結果、企業経営は、株主の短期的利益を重視するものへと変革せざるを得なくなっていったのである。

このように、グッドハートらが懸念した株主重視の企業統治は、金融化によってもたらされたのであるが、その金融化は、一九七〇年代のコストプッシュ・インフレが引き金となって始まったのである。

さらに、金融部門の支配は、企業統治のみならず、国家統治にも及んだ。すなわち、株主重視の企業統治を促進するような政策が実行されていったのである。

例えば、一九八二年、アメリカの証券取引委員会（SEC）は規則10b－18を制定し、自社株買いを容易にした。自社株買いは、経営者の経営目的を「株主価値最大化」へと振り向ける強力な制度である。また、一九七八年から七九年にかけて、キャピタルゲイン課税の最高税率が約四〇％から二八％へと引き下げられ、一九八一年には、さらに二〇％まで引き下げられた。他にも、一九七九年に、従業員退職所得保障法（ＥＲＩＳＡ法）が改変され、巨額の年金基金からの資金が資本市場に流入するようになった。

企業が賃金上昇を抑制する仕組みの完成

賃金を抑圧する政策も実行された。グローバリゼーションの推進である。例えば、一九九一年の移民法の改正では、外国人労働者に対するビザの発給の規制緩和が行われ、安価な労働力が流入しやすくなった。一九九四年には北米自由貿易協定（ＮＡＦＴＡ）が発効し、二〇〇一年には中国がＷＴＯに加盟した。これにより、海外から安い製品や低賃金労働者がアメリカに流入し、労働コストを引き下げたのである。

もっとも、今日、グローバリゼーションは終焉している。少子高齢化という人口構成の大変化も起きて、労働力不足が顕在化している。これらは、国内労働者階級の交渉力を強め、賃金を上昇させるはずである。しかし、企業統治、さらには国家統治が金融部門に支配され、株主重視に傾いているのであれば、賃金の抑圧はなおも続くことになるであろう。

ちなみに、日本も、一九九〇年代以降、アメリカの金融化のための政策を次々と模倣していった。

例えば、一九九七年の改正商法でストック・オプション制度が、二〇〇一年の改正商法で新株予約権制度が導入されたことで、ストック・オプションの普及が促進された。二〇〇一年の改正商法では、自社株買いについて目的を限定せずに取得・保有することが可能となった。二〇〇三年の改正商法では、取締役会の決定で自社株買いが機動的にできるようにする規制緩和が行われた。また、この改正商法では、アメリカ的な社外取締役制度が導入され、外資による日本企業の買収が容易になった。二〇〇五年には会社法が制定され、株式交換が外資に解禁された。その結果、日本企業の外国人持株比率は一九九〇年代半ばまでは一割程度だったが、その後、上昇に転じ、二〇〇六年には全体の約四分の一を占めるに至った。海外投資家は、株主利益を最大化するよう、企業に圧力をかけたため、企業は、人件費を抑圧するようになった。[15]

野田知彦と阿部正浩による実証分析は、二〇〇〇年以降、金融機関と密接な関係をもつ旧来型の日本型企業統治がなされている企業では賃金が相対的に高く、外国人株主の影響が強い企業ほど、賃金が低くなっていることを明らかにしている。そして、最も大きな賃金抑制圧力は、外国人投資家の影響であるとしている。[16]

また、一九九九年には、労働者派遣事業が製造業などを除いて原則自由化され、二〇〇四年には製造業への労働者派遣も解禁された。二〇〇一年には、確定拠出型年金制度が導入されて、従業員は自己責任で年金を運用することとなった。これにより、企業は従業員の年金に関する責任から解放され、リストラによる人件費の削減がいっそう容易となった。二〇一五年の労働経済白書[17]が指摘するように、企業の利益処分の変化（株主重視）や非正規雇用の増大によって、賃金は上がらなくなったのである。

それにもかかわらず、第二次安倍政権は、賃金抑圧となる金融化政策をいっそう強化していった。二〇一四年、家計の資金を投資に向かわせるための少額投資非課税制度（ＮＩＳＡ）が導入され、さらに、年金積立金管理運用独立行政法人（ＧＰＩＦ）の公的・準公的資金運用やリスク管理体制などが見直され、ポートフォリオにおける国内および海外の株式の比率が高められた。同年、機関投資家などへの規律としてスチュワードシップ・コードや、企業に対する外部ガバナンスの規律であるコーポレートガバナンス・コードが策定された。

さらに、グローバリゼーションもまた賃金抑圧の効果を発揮するが、安倍政権によるグローバリゼーションの推進については、第一章ですでに指摘した通りである。

これら一連の政策の効果は、顕著であった。

図表３‐９に示すように、一九九七年から約十年間で、資本金十億円以上の企業の配当金は六倍以上となり、経常利益や内部留保は三倍程度まで膨れ上がったが、平均従業員給与と設備投資は減少したのである。

図表3-9　日本の資本金10億円以上の企業の売上高、給与、配当金、設備投資等の推移

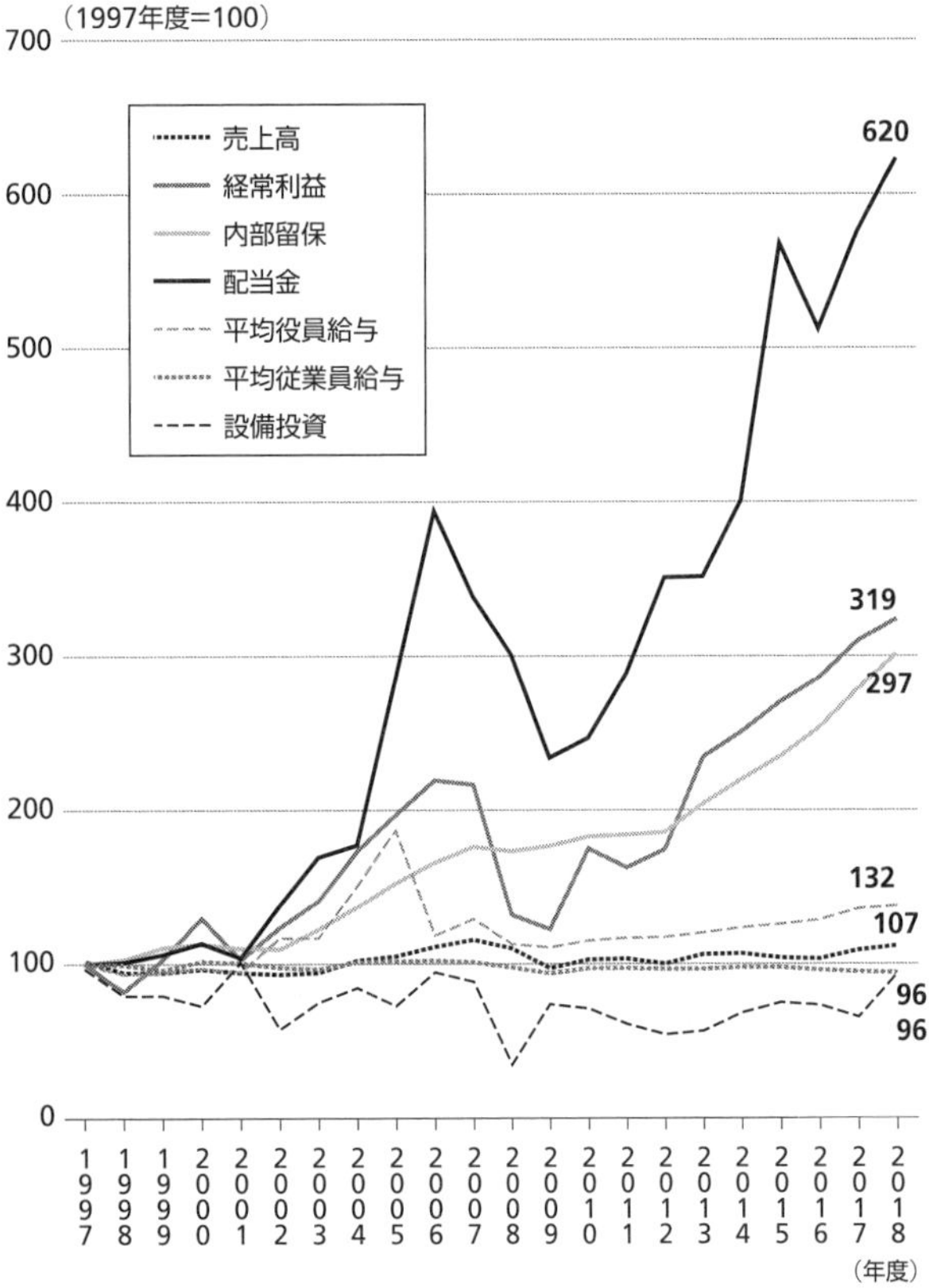

出典：財務省「法人企業統計」
　平均役員給与：(役員給与+役員賞与)／期中平均役員数
　平均従業員給与：(従業員給与+従業員賞与)／期中平均従業員数
　設備投資：(当期固定資産+当期減価償却費)−(前期固定資産)
　※固定資産：土地、建設仮勘定、その他の有形固定資産、ソフトウェア
2021年12月14日(火)衆議院予算委員会資料(落合貴之事務所作成)

　なお、グッドハートとプラダンが指摘するように、少子高齢化による生産年齢人口の減少は、賃金上昇の圧力を発生させる。ところが、安倍政権は、生産年齢人口を増やして賃金の上昇を抑制する政策を選択したのである。

　例えば、「女性の活躍」のスローガンを掲げ、女性の就業を奨励した。「女性の活躍」と言えば聞こえはいいが、これは、女性という労働者を増やすことで、賃上げをすることなく人手不足を解消しようとするものである。さらに、安倍政権は「人生百年時代」というスローガンを打ち出した。これも、高齢者を労働市場に供給して人手不足を解消しようというものであり、賃金抑圧につながる。さらに安倍政権は、二〇一九年四月から、一定の業種で外国人の単純労働者を受け入れることを決定した。これにより、今後は、賃金が上昇しそうになると、海外から低賃金労働者が流入して、賃金上昇を抑制することになる仕組みが完成したのである。

　日本では、長期にわたって賃金が上がらない状況が続いており、その原因や賃上げの方策について、さまざまな議論が行われている。しかし、賃金が上がらないのは何も不思議なことではない。過去二十年以上にわたって、賃金上昇を抑制する効果のある政策を次から次へと実行し続けてきたことの当然の結果なのである。

なぜ四十年前と同じ失敗が繰り返されるのか

ここで注目すべきは、アメリカで進展し、日本も模倣した金融化のそもそもの発端は、一九七〇年代末から一九八〇年代初頭にかけて、ヴォルカーがインフレ対策として断行した高金利政策だということである。そして、二〇二二年のロシアによるウクライナ侵攻を契機としたコストプッシュ・インフレに対して、パウエルFRB議長が、ヴォルカーほど極端ではないにせよ、金融引き締め政策によって応じたということである。

つまり、金融化を招いたインフレ対策の失敗が、およそ四十年後に繰り返されたのである。

しかし、なぜヴォルカーは、コストプッシュ・インフレにもかかわらず、利上げを断行したのであろうか。そして、四十年後、パウエルは同じ失敗を繰り返そうとしているのであろうか。

これについては、もちろん単なる政策判断のミスとみなすこともできる。あるいは、第四章で論じるように、政策判断の基礎にある経済理論の誤りのせいにすることもできる。

しかしながら、その一方で、インフレ対策の背景にある政治力学にも注意を払っておくことも重要である。というのも、インフレとは、単なる経済現象にとどまらず、政治的なパワー・バランスや社会構造にも大きな影響を及ぼすものであるからだ。

まず、インフレとは物価の継続的な上昇のことであり、裏を返せば、貨幣価値の継続的な下落のことである。貨幣価値が下落していくということは、債務の実質的な価値が軽減していくということを意味する。インフレは、債務者には有利に、債権者には不利に働くのである。したがって、インフレは、金利生活者、投資家、資産家など金融関連の利益を脅かす現象なのである。他方で、借入れの多い企業経営者や低所得者層には、インフレは債務負担を軽減するという意味で望ましいものとなる。

これに加えて、デマンドプル・インフレの場合には、需要の増大により、労働力の需給が逼迫していることから、労働者側の交渉力が強くなり、賃金は上昇し、労働分配率が高まる。このため、デマンドプル・インフレは、労働者には有利に、資本家と企業経営者には不利に働く。言い換えれば、デマンドプル・インフレには、所得格差を縮小する効果があるのである。

しかしながら、同じインフレであっても、コストプッシュ・インフレの場合は、その影響は異なって現れる。コストプッシュ・インフレは、食料やエネルギーといった基礎的な生活物資の価格が高騰することで引き起こされるが、所得がより低い階層ほど、こうした生活基礎物資に対する支出が所得のうちに占める割合がより高くなる。したがって、コストプッシュ・インフレは、低所得者層により大きな打撃を与え、所得格差を拡大するものとなる。

また、コストプッシュ・インフレは景気後退を引き起こし、失業率を高めることから、労働需給は緩み、労働者側の交渉力を弱め、賃金の上昇は抑制される。賃金が伸び悩む一方で物価は上昇するのであるから、労働者にはさらに大きな打撃となる。企業経営者にとっても、コストプッシュ・インフレは経費の高騰と景気後退を意味するから望ましいものではないが、労働者側の交渉力が弱まっていることは経営者には有利に働く。

金融資産の保有者にとっては、コストプッシュ・インフレは貨幣価値を下げるものである以上、好ましいものとは言えない。しかし、富裕な彼らには、所得に占める支出の割合が低い生活基礎物資について、その価格が高騰してもさして大きな打撃はないし、労働者の交渉力が弱まっていることは、利益配分上、むしろ有利に働く。

さて、そうだとすると、コストプッシュ・インフレが起きた場合、金融資産の保有者にとって望ましい対策は、どのようなものになるのだろうか。

まず、貨幣価値を下落させるインフレは、何としても抑制しなければならない。その一方で、労働者階級の交渉力は弱めておき、労働分配率は低くしておきたい。そうだとすると、利上げによって需要を縮小させる形でインフレを抑制するのが、金融資産保有者の相対的な利益にとっては、最も望ましい選択肢ということになる。しかも、利上げによって利回りは良くなるのだから、なおさらであろう。

したがって、政治が金融資産保有者に支配されている場合は、コストプッシュ・インフレに対しては、金融引き締めという政策が採用されることになるであろう。

このことは、少子高齢化とも深い関係がある。

グッドハートとプラダンは、少子高齢化は、従属人口の増大と生産年齢人口の減少を意味することから、需要の増大と供給の減少をもたらし、インフレ圧力を発生させると論じた。しかしながら、その一方で、少子高齢化は、年金生活者の増大と賃金労働者の減少をも意味する。年金生活者は、インフレによる貨幣価値の減少を望まない一方で、賃金抑制や失業を恐れないことから、緊縮財政や金融引き締めといったインフレ抑制策を強く支持するだろう。しかも、少子高齢化によって、年金生活者の高齢者が多くなれば、民主政治における影響力も大きくなる。したがって、少子高齢化社会では、強力なインフレ抑制策が遂行される可能性がより高くなるのである。[18] このように、少子高齢化は、それが政治力学に与える影響を考慮するならば、グッドハートらの結論とは逆に、インフレよりもむしろデフレをもたらすことになるのである。

インフレ政策をめぐる資本家と労働者の階級闘争

ここで参考になるのは、ミハウ・カレツキの「政治的景気循環」の理論である。

一九四三年、カレツキは、「完全雇用の政治的側面」[19]という論考を発表した。その中でカレツキは、財政政策による完全雇用の達成は、経済理論上は可能であっても、政治的には不可能であると論じた。なぜなら、「産業の主導者」すなわち資本家階級が反対するからだというのである。

産業界が反対する理由として、カレツキが挙げたのは、次の三つである。

第一に、国民経済のパフォーマンスを決定するのが主として民間投資であれば、民間投資の水準を決定する資本家の政治的発言力が強くなるだろう。しかし、もし政府が公共投資によって国民経済のパフォーマンスを左右することができるならば、資本家たちの発言力は減殺されてしまう。第二に、政府による補助は「働かざる者、食うべからず」といった資本主義の倫理に抵触する。第三に、財政政策によって完全雇用が維持されると、労働者階級の社会的なパワーが強まり、賃上げや労働条件の改善を求めて、資本家階級と闘争するようになる恐れがある。

要するに、政府がインフレ政策（完全雇用政策）をとるか、デフレ政策をとるかは、資本家階級と労働者階級のパワー・バランスに影響を及ぼす決定だということである。

もちろん、不況は、資本家階級にとっても望ましいものではないから、資本家階級といえども、景気対策をある程度は容認するであろう。しかし、不況を脱した後、いずれかの段階で、資本家階級は、完全雇用政策に強く反対するようになる。このため、完全雇用は、一時的には達成されるかもしれないが、長くは続かないであろう。

カレツキは一九四三年にこのように論じ、これを「政治的景気循環」と呼んだのであるが、その後の歴史は、確かにカレツキの洞察を裏付けているように見える。例えば、戦後から一九七〇年代半ばまでは、ケインズ主義的な完全雇用政策が主流であったが、その後、新自由主義にとって代わられ、完全雇用政策は放棄された。二〇〇八年に世界金融危機が勃発すると、その直後こそは各国とも巨額の財政出動を行ったが、それも一年程度しか続かず、各国は緊縮財政へと回帰していった。そして、長期停滞やコロナ禍もあって、二〇二一年、各国は積極財政へと転じたが、二〇二二年、アメリカとヨーロッパは利上げを行った。いずれも、カレツキの「政治的景気循環」を示す現象のように思われる。

カレツキの影響を受けたアミット・バドリとジョセフ・シュタインドルは、一九七〇年代後半から一九八〇年代前半の新自由主義、より正確には「マネタリズム」の台頭の背景に、産業から金融へのパワーシフトがあったと論じている（なお、「マネタリズム」については、次章において議論する）。

まず、国内的には、戦後の長い経済的繁栄によって、金利生活者階級が拡大し、政治的な力を強めた。金利生活者階級は金融機関と手を組んで、デフレ政策を要求するようになった。インフレは、金融資産の実質的な価値を毀損するからである。

また、国際的に見ると、西側資本主義世界におけるアメリカ覇権の下で、ドルが国際通貨としての役割を果たした。アメリカは世界中に大量のドルを投資して、国際金融市場をつくり上げた。その結果、国際的な金融機関が国家のコントロールを超えて金融を支配するようになり、ケインズ主義的な経済政策は過去の遺物とみなされるようになった。こうして、金融勢力は、デフレ政策を要求するようになった。そのデフレ政策を正当化するために担ぎ出されたイデオロギーが、中央銀行による物価の安定（低インフレ）を最優先すべしと唱える新自由主義（マネタリズム）である[20]。

デイヴィッド・ハーヴェイもまた、一九七〇年代後半から一九八〇年代初頭にかけて新自由主義が台頭した背景には、ある種の階級闘争があったと論じている。第二次世界大戦の終結から三十年ほどはインフレ基調であり、支配者層である資本家階級には不利ではあった。しかしながら、同時に高度経済成長が実現していたので、資本家階級は労働者階級に対する政治的な妥協に耐えることができていた。こうして一九七〇年代あたりまでは、福祉国家が実現し、所得格差は縮小していったのである。しかし、一九七〇年代に入り、激しいインフレとともに、経済成長が大幅に鈍化すると、資本家階級はわずかな配当しか得られなくなった。自らの経済力と社会的地位を脅かされた資本家階級は、その権力を維持するために、「大きな政府」を否定し、格差の拡大を容認する新自由主義というイデオロギーを普及させたのである[21]。

七〇年代のインフレが新自由主義の台頭をもたらした

インフレは貨幣価値の下落を意味するから、富裕層や資本家階級といった支配者層の経済力を弱体化させ、その社会的地位を脅かす。そのインフレが生活基礎物資の価格高騰によるコストプッシュ・インフレであれば、生活基礎物資に対する支出の割合が大きい低所得者層や労働者階級の生活をも圧迫する。いずれにしても打撃を受けた階層・階級の人々は、政府に対する不満を増幅させるから、政治は不安定化する。最悪の場合は、反乱や革命に至る。

インフレは、社会秩序を不安定化させ、政治的な危機を引き起こす要因となるのである。第五章で改めて論じるが、歴史的に見ても、[22]十六世紀から十八世紀にかけてのヨーロッパにおいて、長期的にインフレが続いた時期は、一五五〇年から一六五〇年の間と、一七五〇年から一八二〇年の間の二度あった。このうち、前者は歴史家たちが「全般的危機（the General Crisis）」と呼ぶ、十七世紀ヨーロッパの混乱につながっている。そして、後者はフランス革命やナポレオン戦争と関係している。

十九世紀に入ると、インフレよりもむしろデフレが基調となった。このデフレ基調の背景には、産業革命によって供給能力が飛躍的に向上したこと、そして第一章で述べた「第一次グローバリゼーション」があったと考えられる。加えて、当時における支配的な経済思想は、自由放任をモットーとする経済自由主義であり、政府が需要を喚起して景気を回復させるという発想は未だなかったのである。

しかし、一九三〇年代の世界恐慌という金融危機とそれに続く大デフレ不況を契機に、各国政府は、ケインズ主義的な積極財政金融政策によってデフレを防ぐ術を学び、実行するようになった。それ以降、先進資本主義国は、（一九九八年以降の日本を除いて）デフレを経験することがなくなった。一九三九年から一九五二年は高インフレとなったが、これは第二次世界大戦と終戦直後の混乱や冷戦勃発という特殊な事情によるものである。

その後、先進国において再び深刻な高インフレに襲われたのが、一九七〇年代である。高インフレは政治的な危機を招き、既得権益を脅かされた階層による反乱や革命を惹起する。一九七〇年代の高インフレによって地位を脅かされ、反乱を起こしたのは、富裕者層、金利生活者、投資家そして金融機関であった。高インフレを解消すべく、彼らが引き起こした革命、それが新自由主義へのパラダイム転換であったのである。

新自由主義は、高インフレの原因は政府による需要管理にあるとして、これまで支配的であったケインズ主義を糾弾し、財政支出の削減や金融引き締め政策によるインフレ抑制を主張した。

これまで再三注意を促してきたように、緊縮財政や利上げといった政策はデマンドプル・インフレの対策であるが、一九七〇年代のスタグフレーションはコストプッシュ・インフレである。コストプッシュ・インフレを抑制しようとして、緊縮財政や利上げを行うのは間違っている（図表2－9）。

しかしながら、需要管理を主眼とする当時のケインズ主義からは、供給制約に起因するコストプッシュ・インフレの対策は出てこなかった。そうでなくても、エネルギーや食料といった供給制約は、容易に解決できるものではない。その結果、ケインズ主義的な政策によって景気をコントロールできるという政府に対する信頼は、失墜したのである。

加えて、コストプッシュ・インフレによって生活を脅かされた一般大衆もまた、有効な対策を講じられない政府に対して、強い不満を抱くようになっていた。そこに付け込むようにして、新自由主義のイデオロギーが台頭したのである。

新自由主義は、政府に対する不信を煽り、高インフレの責をケインズ主義に帰した。本来であれば、一九七〇年代の高インフレは石油危機などを原因とするのであって、ケインズ主義的な需要管理の失敗とは関係がない。

だが、高インフレに脅え、政府に対して強い不信感を抱いていた大衆には、そんな分別などできるはずもなかった。大衆は、市場原理という分かりやすい論理を歯切れ良く展開し、政府を舌鋒鋭く攻撃する新自由主義者たちを支持するようになった。こうして、新自由主義は、経済思想の革命に成功したのである。

ケインズ主義の復活か新自由主義の隆盛か

このように、一九七〇年代のインフレは、ケインズ主義の凋落と新自由主義の台頭という、経済イデオロギーにおける革命を引き起こしたのである。では、現在のインフレは、どうか。

少なくともアメリカでは、二〇〇八年の世界金融危機を契機に新自由主義が後退し、ケインズ主義が復活しつつあった。金融危機の頻発、深刻な格差の拡大、あるいは長期停滞（低インフレ、低金利、低成長の状態）の原因が、新自由主義的な政策に起因していたということが明らかになりつつあったからである。

例えば、二〇一六年、ＦＲＢ議長のジャネット・イエレンは、「危機後のマクロ経済研究」[23]という講演を行い、二〇〇八年の世界金融危機を契機として、従来の主流派マクロ経済学の理論や政策は、変更を迫られていると論じた。

これまでの主流派マクロ経済学では、総需要は、短期の経済変動の要因ではあるが、長期の経済成長を説明するものではないとされてきた。しかし、イエレンは、積極的な財政金融政策による需要の創出は、短期のみならず長期の経済成長にも資すると論じたのである。

また、ＩＭＦのチーフ・エコノミストやアメリカ経済学会会長を歴任したオリヴィエ・ブランシャールＭＩＴ名誉教授は、二〇一九年、アメリカ経済は、低金利であり、経済成長率が金利を上回る見込みが高いことから、公的債務は財政費用にはならないと主張し、積極財政を擁護した。[24]さらに、元大統領経済諮問委員会委員長のジェイソン・ファーマンとローレンス・サマーズもまた、二〇二〇年十一月に「低金利時代の財政政策の再考」を発表し、今後十年間は、成長を促進する分野に焦点を当てた財政政策を行うべきだと提言した。

このように、二〇一〇年代、アメリカの経済思想の潮流は、主流派経済学においてすら、新自由主義からケインズ主義へと転換しつつあったのである。

そして、二〇二一年に成立したバイデン政権は、イエレンを財務長官に迎えて、一・九兆ドル規模の「米国救済計画」を筆頭に、大規模かつ計画的な公共投資や、格差是正を目的とした税制改革を打ち出した。主流派経済学者を含めた多くの有識者たちは、これを新自由主義の時代の終わりとして歓迎したのである。(25)

しかし、二〇二一年後半から、四十年ぶりにインフレが進み始めると、主流派経済学者の間に、積極財政金融政策を巡って再び対立が生じた。それが、先述の「持続的派」と「過渡的派」の間の論争である。この時、ブランシャールやサマーズは「持続的派」の陣営に属し、インフレ抑制策として利上げを主張したのである。

さらに二〇二二年、ロシアによるウクライナ侵攻以降、インフレが加速すると、「過渡的派」の旗色は急速に悪くなった。そして、パウエルFRB議長は、急速な利上げを断行したのである。

果たして、現在のインフレは、一九七〇年代のインフレ同様、ケインズ主義の死と新自由主義の隆盛をもたらすことになるのであろうか。その未来予測に関しては、第五章まで待つこととする。

第四章

インフレの経済学

主流派経済学の物価理論と貨幣理論

インフレには、デマンドプル・インフレとコストプッシュ・インフレとがある。そして、二〇二二年のインフレは、コストプッシュ・インフレとしての性格が強い。

それにもかかわらず、FRBのパウエル議長は、デマンドプル・インフレへの対策である金融引き締め政策を実施した。そして、主流派経済学者たちの多くも、FRBの判断に同意したのである。

いったい、アメリカの金融政策当局や主流派経済学者たちは、どのような経済理論によって、このような判断を正当化したのであろうか。また、この主流派経済学の経済理論は、どこが間違っているのだろうか。さらには、この主流派経済学に代わるべき経済理論としては、どのようなものがあるのだろうか。

まず、ごく簡単ではあるが、主流派経済学の物価に関する理論をまとめておこう。

そもそも主流派経済学とは、「一般均衡理論」(経済全体の市場の需要と供給が、価格メカニズムを通じて、常に一致するという理論)を基礎とする経済理論の体系である。

一般均衡理論は、生産物は常に他の生産物と交換できるという想定、すなわち「供給は、常に需要を生み出す」という「セーの法則」を前提としている。供給が常に需要を生み出すという想定だから、需要と供給が常に一致して均衡を達成し得るというわけである。

しかし、需要と供給が常に一致するということは、生産物と生産物との交換が一瞬で成立する「物々交換」が行われているというに等しい。一般均衡理論の中心的な理論家の一人であるフランク・H・ハーンも認めるように(1)、一般均衡理論が想定するのは、物々交換の世界、つまり貨幣のない世界なのである。

そのような一般均衡理論に貨幣を導入したとて、貨幣には、財貨の交換比率としての名目価格を決定するという役割しか与えることはできない。貨幣は、実物の表面を覆っている単なるヴェールのようなものに過ぎず（「貨幣ヴェール観」）、したがって、貨幣が実物経済に影響を及ぼすことはないものと想定されているのである。これを「貨幣の中立性」と言う。

では、銀行にはどのような役割が与えられているのか。主流派経済学は、次のような想定を置いている。

民間銀行は貸出しを通じて預金という通貨を供給する。ただし、その預金通貨の供給量は、民間銀行が中央銀行に設ける準備預金の量によって制約されている。したがって、政府（中央銀行）は、準備預金の量を操作することによって、通貨の供給量を決定することができる。貨幣は民間経済の外部から供給されるというわけである。このような理論を「外生的貨幣供給理論」と言う。

貨幣供給量の制御から中央銀行による金利操作へ

こうした貨幣理論を推し進めたのが、ミルトン・フリードマンである。政府や中央銀行がヘリコプターから貨幣をばらまくという「ヘリコプター・マネー」の比喩は、フリードマンが最初に使ったとされるが、外生的貨幣供給理論のイメージをよく表している。

そのフリードマンは、インフレについて次のように論じた。

政府が貨幣供給量を増やして物価を上昇させると、人々は短期的には需要が拡大したと錯覚して生産活動を活発化させるので、景気は良くなるかもしれない。しかし、長期的には、単に一般物価が上昇しただけで需要が拡大したわけではないと気付くので、生産活動を元の水準に戻してしまう。そして、その調整過程で失業率が上昇する。その結果、単にインフレになっただけで、失業率が高いという状態になるだろう。つまり、政府の景気対策は、短期的には効果はあるかもしれないが、長期的には効果はないというわけである。

その後、フリードマンの議論をより先鋭化させた「合理的期待仮説」なる理論も登場した。合理的期待仮説によれば、政府の政策が人々にとって予測可能なものとなれば、人々は錯覚を起こすこともなくなるので、短期的にも無効だというのである。

こうした主流派経済学の物価理論は、一九七〇年代のスタグフレーションをよく説明しているように見えた。それまでのケインズ主義は、インフレと高失業率が共存する現象を説明できず、対処もできなかった。このため、フリードマンらの経済理論、いわゆる「マネタリズム」は、いっそう説得力のあるものに映ったのである。

マネタリズムによれば、インフレの原因は貨幣供給量の過剰なのであるから、貨幣供給量を制御しさえすればインフレの制御も可能だということになる。一九七九年にFRB議長に就任したポール・ヴォルカーは、このマネタリズムの理論に則って、インフレ退治の実験に乗り出した。すなわち、貨幣供給量を政策目標として設定し、その目標を達成するよう準備預金を圧縮することで、インフレを収束させようとしたのである。

このマネタリズムの実験は、確かにインフレを収束させはした。しかしながら、その一方で、深刻な景気後退、失業の増大、さらには南米諸国の債務危機など、数々の弊害をもたらす結果となったのである。ところが、それ以上に、主流派経済学者たちを困惑させたことがあった。マネタリズムの理論に反して、貨幣供給量の増加とインフレとが相関しなかったのである。

この一九八〇年代前半のマネタリズムの実験の失敗以降、主流派経済学者たちは、貨幣供給量を制御することで物価を安定させるという金融政策を放棄するようになった。その代わりに、主流派経済学では、金融政策の主要な目標を物価の安定（インフレの抑制）とし、中央銀行が金利を操作することでインフレを制御できるとする理論が発展した。この理論は、現在、主流派経済学者及び金融当局の間の共通了解となり、「ニュー・コンセンサス」とも呼ばれている。(2)

コストプッシュ・インフレを想定していない政策判断

このニュー・コンセンサスのモデルによれば、（実質値での）市場利子率が「自然利子率」（均衡実質利子率）を下回ると、インフレが起きるとされる。「自然利子率」とは、貨幣のない仮想世界において、実物資本を実物のまま貸し付けるとした場合の需要と供給の均衡によって決まる利子率のことである。この自然利子率の下では、供給側で決定される均衡産出量に、現実の産出量が一致しているとされている。したがって、インフレを抑制するためには、中央銀行が利上げを行い、現実の産出量と均衡産出量を一致させればよいということになる。

なお、ニュー・コンセンサスのモデルでは、現在のインフレ率を決める要因は、実際の産出量と均衡産出量とのギャップ、過去のインフレ率であるが、それらに加えて「期待インフレ率」も含められている。人々が高インフレを予想すれば、実際のインフレ率も上がるのである。したがって、中央銀行が物価の安定（低インフレ）を達成すると約束し、その約束の信頼性が高ければ、人々は物価は安定するだろうと予想する。こうして、期待インフレ率は低くなり、結果として、インフレ率は上がりにくくなる。したがって、中央銀行には、物価の安定に向けた強いコミットメントが求められる。

このように、主流派経済学のニュー・コンセンサスの理論は、金利の操作による需要管理を通じてインフレを抑制できるとしている。すなわち、主流派経済学にとってインフレとは、もっぱらデマンドプル・インフレのことなのである。他方、インフレの原因を供給制約に求めるコストプッシュ・インフレについて、主流派経済学のモデルは想定していない。

また、主流派経済学は、金融政策を中心に考えており、財政政策については二次的な役割しか与えていない。財政政策は、一時的に景気を刺激する効果しかないものとみなされているのである。その理論的根拠となっているのは、「リカードの等価定理」である。リカードの等価定理によれば、政府が国債を発行して財政支出を拡大し、需要を増大させても、人々が将来、国債を償還するために増税が行われると予想するならば、将来の増税に備えて貯蓄するために消費を減らす。したがって、政府の支出による需要の増大は、いずれ民間消費の減少によって相殺されてしまうというのである。

ただし、前章で述べた通り、二〇一〇年代、低金利にもかかわらず低インフレと低成長が持続する「長期停滞」の下で、主流派経済学者たちは、金融政策に限界を感じ、財政政策の有効性を唱えるようにはなった。長期停滞の下では、名目利子率はすでにゼロあるいはゼロ近傍の水準にあり、金融政策によって名目利子率を引き下げる余地はほとんどない。にもかかわらず、経済の停滞が続いている。そこで、ローレンス・サマーズらの主流派経済学者たちは、長期停滞下では金融政策は効力を失ったと判断し、財政政策の有効性を再評価するようになった。

しかしながら、そのサマーズをはじめとする主流派経済学者の多くが、二〇二一年以降の物価の急騰を目の当たりにすると、利上げを強硬に主張したのである。パウエル議長も利上げを断行し、二〇二二年のジャクソンホール会議において、インフレ期待がインフレを高進させると述べ、物価の安定に向けた強い決意を表明した。このような政策判断が、主流派経済学のニュー・コンセンサスに基づいていることは言うまでもない。

問題の根源は、貨幣に対する致命的な誤解

それでは、以上の主流派経済学の物価理論は、どこが間違っているのであろうか。

実は、その問題の根源は、貨幣に対する致命的な誤解にあったのである。

主流派経済学の貨幣・金融理論は、「貸付資金説」に立脚している。貸付資金説によれば、銀行は、借り手に貸し付けを行う際、銀行口座に貯蓄された資金を元手にして、借り手に貸し付けを行うものと考えられている。言わば、銀行は、又貸しを行っていると想定されているのである。

しかし、これは事実に反している。銀行は、集めてきた預金を借り手に貸し出しているのではない。その反対に、借り手に貸し出すことによって、預金を創造しているのである。これが、いわゆる「信用創造」である。

例えば、銀行Aは、一〇〇〇万円を借りたいという企業Bに対して貸し出す際、手元の預金

から一〇〇〇万円を企業Bに又貸しするのではない。単に企業Bの口座に一〇〇〇万円と記録するだけである。その記録の瞬間に、一〇〇〇万円という預金、すなわち貨幣が創造される。銀行は、言わば何もないところから貨幣を生み出しているわけである。

そして、企業Bが収益を得て、借りた一〇〇〇万円を銀行Aに返済すると、一〇〇〇万円という貨幣は消滅する。このように、貨幣とは、民間銀行の貸出しによって「創造」され、民間銀行への返済によって「破壊」されるのである。

しかし、一般には、銀行の融資とは預金を元手にした又貸しであるという貸付資金説が信じられている。主流派経済学も、貸付資金説を前提とし、それに基づく経済理論を流布している。この貸付資金説の誤解には、実に根深いものがある。ちなみに、二〇一四年、イングランド銀行は、この根深い誤解を払拭すべく、二〇一四年に発行された季刊誌において「商業銀行は、新規の融資を行うことで、銀行預金の形式の貨幣を創造する」と解説する一般向けの論考を掲載している。(3)

経済学と言えば、貨幣を用いる活動を扱う学問だと信じられている。それにもかかわらず、主流派経済学は、貨幣について誤った理解をしていたのである。

この主流派経済学に対して、異端派とされる経済学派、とりわけ「ポスト・ケインズ派」は、貸付資金説を否定し、信用創造に関する正確な理解の上に理論体系を構築し、経済政策を導き出そうとしてきた。

結論を急げば、このポスト・ケインズ派の経済学こそが、主流派経済学にとって代わるべき理論なのである。

ポスト・ケインズ派の理論体系は複雑であるが、貨幣や物価の理論に焦点を当てつつ単純化すれば、次のようになる。

銀行は、企業や家計などの借り手に貸し出すことによって、預金という貨幣を創造する。貨幣とは、銀行と銀行以外の主体（企業や家計）との間の貸し借りの関係の内から発生しているのである。このような貨幣理解を「内生的貨幣供給理論」と言う。

外生的貨幣供給理論は、ヘリコプター・マネーの比喩に象徴されるように、政府が民間経済の外部から貨幣を供給するとしている。これに対して、内生的貨幣供給理論によれば、貨幣を供給するのは銀行である。しかも、銀行は、企業の資金需要に応じて貸し出す、つまり貨幣を創造し供給する。逆に、借り手となる企業の資金需要がなければ、貸出しが行われず、貨幣は創造されない。したがって、貨幣の供給を増減させているのは、企業の需要であるということになる。

まず企業の需要があって、その需要に応じて銀行は貸出しを行い、貨幣を供給する。さらに、中央銀行は、銀行の貸出しの増加に応じて、銀行間の決済などに使われる準備預金を増やすのである。

ここに、中央銀行が貨幣供給量を操作するというマネタリズムが間違っていた理由がある。中央銀行に設けられている民間銀行の準備預金は、貸出しの元手ではないし、そもそも、銀行は、貸出しを行うにあたって元手となる資金を必要としない。そして、貨幣の供給を増減させるのは、民間の需要の増減である。したがって、中央銀行が準備預金を増減させたところで、貨幣供給量を操作することはできない。中央銀行が操作できるのは、貨幣供給量ではなく、金利である。マネタリズムの外生的貨幣供給理論の想定とは反対に、貨幣供給量は内生的なのであって、外生的なのは金利の方だというわけである。

ポスト・ケインズ派は、このような内生的貨幣供給理論に基づいて、金融政策の政策手段は金利であって貨幣供給量ではないと主張し、主流派経済学を批判してきた。しかし、主流派経済学は、マネタリズムの実験が失敗に終わった後、その理論を修正し、中央銀行は短期金利の操作を通じて物価の安定を図るべきだという見解をとるようになった。先述の「ニュー・コンセンサス」である。今日の主流派経済学は、貨幣供給量ではなく、金利が外生的であると認めるようになっているのである。

したがって、一見すると、今日の主流派経済学は、ポスト・ケインズ派の内生的貨幣供給理論を受け入れたかのように映る。しかし、実際には、ニュー・コンセンサスは、従来の主流派経済学の枠組みを基本としており、それゆえ、その問題点をいくつも引き継いでいた。

例えば、先述したように、主流派経済学のニュー・コンセンサスは、市場金利を自然利子率に一致させることでインフレを抑制するという理論となっている。しかし、ポスト・ケインズ派は、自然利子率などというものを決して認めない。自然利子率は、貨幣のない物々交換経済という仮想世界の産物であり、現実の貨幣経済を想定する内生的貨幣供給理論とは根本的に相容れないからである。

なお、主流派経済学のニュー・コンセンサスには、他にも問題点がある。それを明らかにするためにも、内生的貨幣供給理論の検討をもう少し進めておこう。

注目すべき「貨幣循環理論」と「現代貨幣理論」

過去二十～三十年の間に、ポスト・ケインズ派の伝統の中から、二つの注目すべき貨幣理論が発達してきた。「貨幣循環理論[4]（Monetary Circuit Theory）」と「現代貨幣理論[5]（Modern Monetary Theory）」である。特に後者の現代貨幣理論は、二〇一九年以降、「ＭＭＴ」の略称とともに、日本でもよく知られるようになっている。

まず、貨幣循環理論について、簡単に説明しよう。

改めて確認すると、銀行は、信用創造によって、言わば、無から貨幣（預金）を生み出すこ

図表4-1　貨幣循環（民間部門）

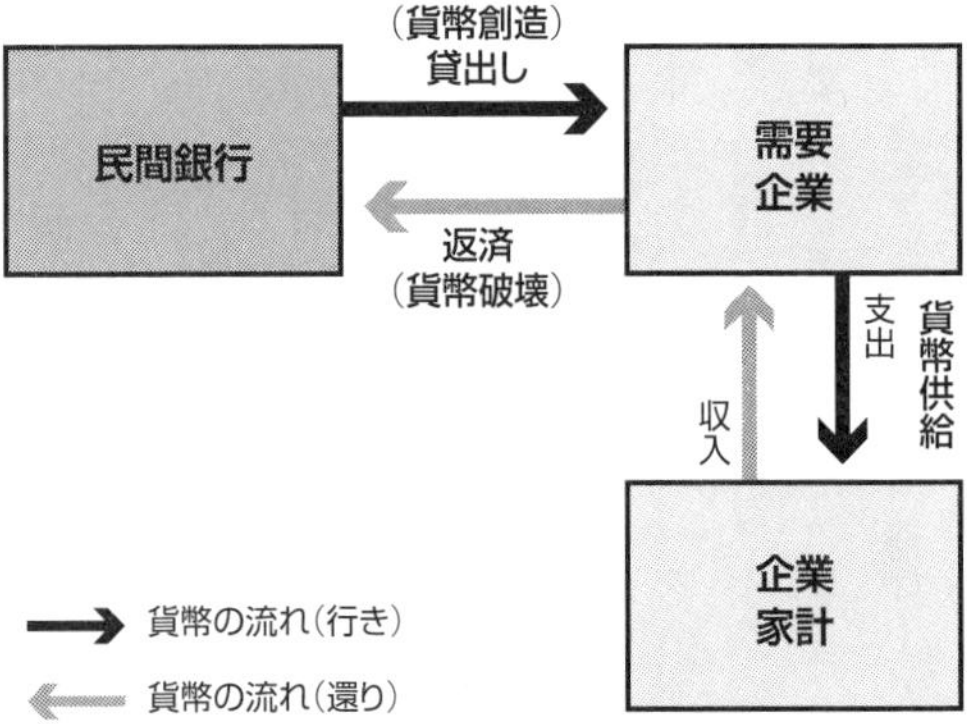

とができる。したがって、貸出しに必要なのは、事前の資金ではなく、借り手の存在だけということになる。

すなわち、貨幣の創造の出発点には、企業の資金需要がある。企業の資金需要に対して、民間銀行が貸出しを行うことで、貨幣（預金）が創造される。そして、企業が支出することで、貨幣が供給される。供給された貨幣は民間経済の中で使われて、循環する。最終的には、企業が収入を得て貨幣を獲得し、それを用いて銀行に債務の返済を行う。これによって、貨幣は消滅する（図表４－１）。

この一連の貨幣循環から、次のことが確認できる。

まず、繰り返しになるが、貸付資金説とは異なり、銀行は貸出しにあたって、元手となる資金を必要としない。つまり、銀行の貸出しは、資金の制約を受けない。

銀行の貸出しに必要なのは、元手となる資金ではなく、借入れに対する需要である。需要さえあれば、銀行は貸出しを行うことができ、そして企業は貨幣を供給することができる。

ただし、貸出しは、将来、返済されることが必要である。銀行が貸出しにあたって、厳格な与信審査を行うのはそのためである。したがって、より厳密に言えば、返済可能性があると信用できる借り手の需要がある限り、銀行は、無制限に貸出しを行うことができる。すなわち、貨幣の供給には、借り手の返済能力以外には、何ら制約がないのである。

財政支出に税による財源確保は必要ない

このことは、次のような結論をも導き出す。すなわち、返済能力が高い借り手は、銀行から借り入れることができるので、その所得を超えた支出を行うことができる。これに対して、返済能力に乏しい借り手の支出は、その所得に制約されてしまう。企業は、銀行による信用創造(貨幣創造)を享受することで、所得の制約を超えて購買力を拡大することができるのに対し、返済能力に乏しい労働者は所得以上の購買力をもつことができないのである。このように、銀行による貨幣創造は、特定の主体の購買力をより増大させる。その意味で、貨幣は、決して「中立」ではないのである。[6]

図表4-2　貨幣循環(政府部門)

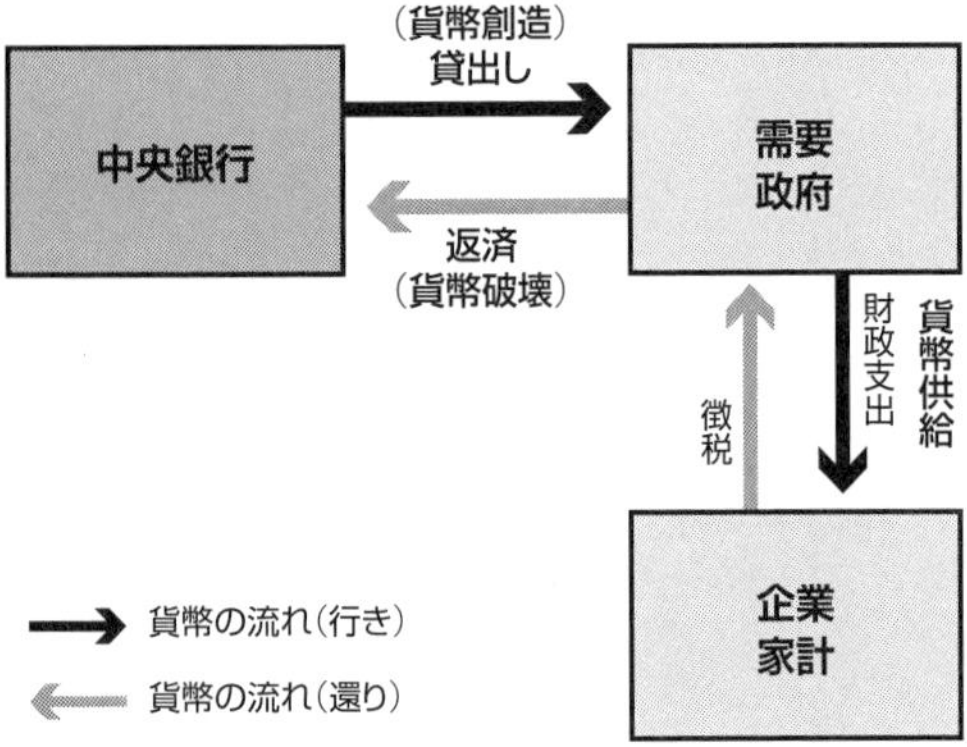

さて、貨幣は、貸出しによって創造され、返済によって破壊される。そして、貨幣供給の出発点には、需要がある。この貨幣循環の過程は、政府に対する貸出しに関しても同じである。

まずは、政府の需要がある。そして、中央銀行が政府に対して貸出しを行う。ここで、貨幣が無から新たに創造される。この中央銀行による貸出しは、もちろん元手となる資金の制約を受けない。政府は、創造された貨幣を支出し、民間部門に貨幣を供給する。そして、政府は、課税によって民間企業から貨幣を徴収し、それを中央銀行に返済すると、貨幣は「破壊」される(図表4－2)。

ここまでは、民間銀行と民間主体の間の貨幣循環(図表4－1)と基本的に同じである。

ただし、重要な違いがある。

民間銀行が企業に貸出しを行う際には、その貸出しは、借り手である企業の返済能力の制約を受ける。言い換えれば、企業が債務を返済するための収入を稼得する能力を有していることが必要になるのである。

これに対して、中央銀行の貸出し先である政府は、強制的に徴税を行い、確実に税収を得る能力を有している。つまり、企業とは異なって、政府には、債務を返済する能力が必ずあるのであり、債務不履行（デフォルト）に陥ることはないのである。

ということは、政府に対する中央銀行の貸出しについて、元手となる資金の制約を受けないだけではなく、借り手の返済能力の制限すら受けないということになる。

そして、政府が支出を行うと、民間部門へ貨幣が供給される。政府による貨幣の供給は、予算の制約なく行うことができるのである。ただし、政府支出は予算とは別の制約を受けるのだが、それについては後述する。

以上をまとめると、政府が貨幣を供給する場合の貨幣循環（図表４－２）から、次のことが確認できる。

①政府は支出するために、あらかじめ徴税による財源の確保を必要としない。その反対に、政

府の支出が、徴税より先にされなければならない。政府の支出によって民間部門に貨幣が供給され、それが課税によって徴収されるという順序なのである。

②政府が債務を負って支出することで、貨幣が「創造」され、民間部門への貨幣の供給が増える。政府が課税し債務を返済することで、貨幣は「破壊」され、民間部門における貨幣を減らす。すなわち、財政赤字の拡大とは貨幣供給の増大であり、財政赤字の縮小（財政健全化）とは貨幣供給の減少である。

これらは、財政支出には税による財源確保が必要であるという通俗観念、あるいは主流派経済学の想定にまったく反するものであり、したがって強い違和感を覚えるかもしれない。しかしながら、貨幣というものを正確に理解し、貸付資金説を棄却して内生的貨幣供給理論に立脚するならば、このような結論になるのは当然の帰結なのである。

政府が財政赤字を計上しているのは正常な状態

さらに、次のような結論も導かれる。

現実の経済に即して、民間経済における貨幣循環（図表4－1）に、政府による貨幣循環

（図表4－2）を合わせて考えてみよう。貨幣は、民間銀行が企業に貸し出し、中央銀行が政府に貸し出すことで創造され、企業や政府が支出することで供給され、企業や政府が債務を返済することで消滅する。ということは、すべての企業や政府が債務をすべて返済してしまうと、貨幣は流通しなくなるということになる。しかし、人々には貨幣を使用し、貯蓄するニーズがあるから、そのニーズを満たすためには、企業全体あるいは政府は、その債務をすべて返済してはならないということになろう。すなわち、企業全体あるいは政府は、赤字でなければならないのである。とりわけ政府は債務不履行に陥ることがないのだから、積極的に財政赤字を計上して、民間部門に貨幣を流通させるべきであろう。したがって、政府が財政赤字を計上しているということは、主流派経済学あるいは通俗観念とは反対に、正常な状態と理解すべきなのである。

現代貨幣理論もまた、貨幣循環理論と多くを共通する論理に基づいて、同じような結論に達している。

現代貨幣理論に顕著な特徴は、政府による徴税の役割を重視し、それを貨幣の成立と結び付けた点にある。現代貨幣理論の要点を簡単に説明すると、次の通りである。

政府は、通貨（円、ドル、ポンドなど）を法定する。次に、国民に対して、その通貨の単位で計算された納税義務を課す。そして、政府は、通貨を発行し、その通貨を租税の支払い手段として定める。

こうして、通貨には納税義務の解消手段としての需要が生じるようになる。その結果、国民は通貨に額面通りの価値を認めるようになり、その通貨を民間取引や貯蓄の手段としても利用するようになる。こうして、通貨が流通するのである。

この場合、国民は納税を行うためには、事前に通貨を保有していなければならない。その通貨を発行するのは政府である。つまり、政府が通貨を発行し、それを支出して、国民に供給しなければ、国民から税を徴収することはできない。財政支出が先であり、徴税は後なのである。すなわち、税は、財政支出の財源ではない。財政支出の財源（通貨）は、政府が自ら創造しているのである。

政府は無制限に自国通貨を発行でき、財政は破綻しない

以上の現代貨幣理論の論理において、「政府」とあるのを、政府と中央銀行を一体とした「統合政府」とみなすならば（図表4－3）、貨幣循環理論とほぼ同じ理解（図表4－2）であることが分かるであろう。いずれの論理においても、政府による通貨の創造には、制約がない。政府は、財源の確保という制約なしに、自ら発行する通貨を供給できるのである。

もっとも、政府の通貨供給に、固定為替相場制という制約が課されている場合がある。

図表4-3　貨幣循環（政府部門）

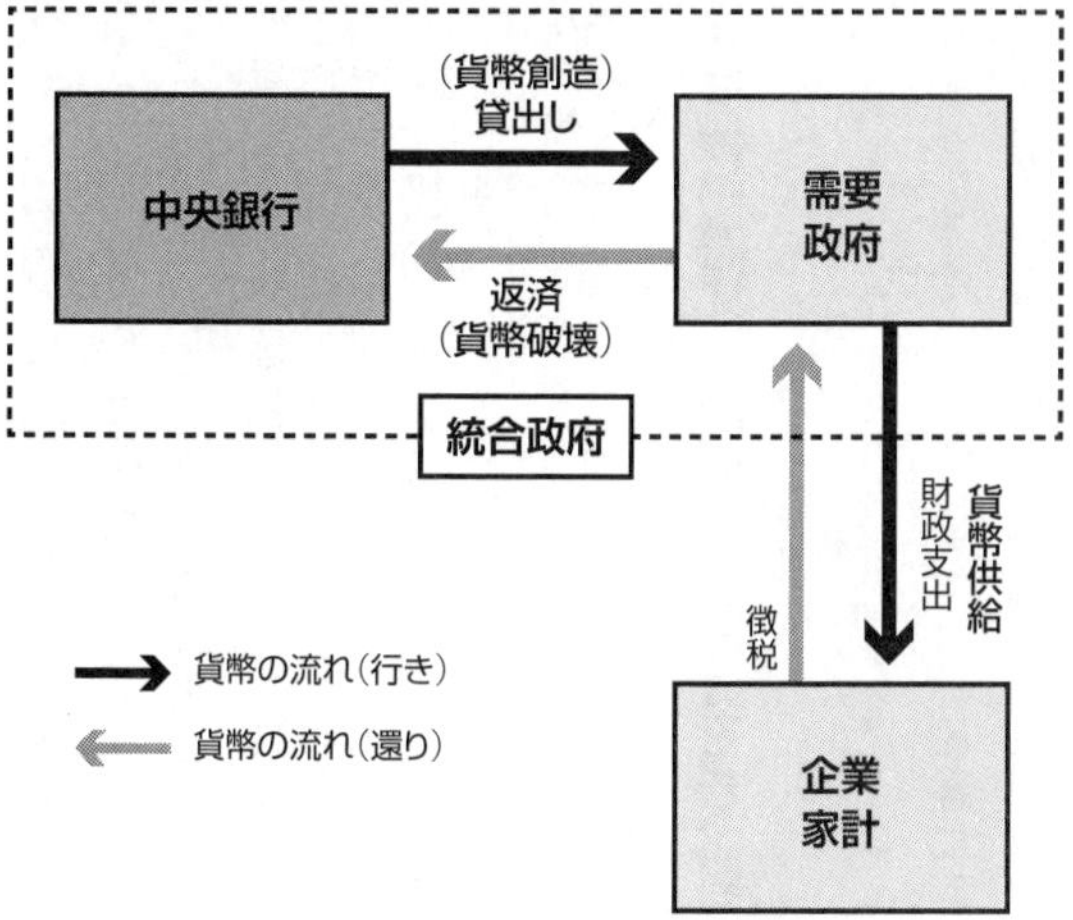

固定為替相場制は、自国通貨と、金《きん》あるいはドルなどの外貨とを固定された比率で交換することを約束する制度である。この固定為替相場制の下では、政府は、自国通貨との交換の要求に応えるために、金《きん》あるいは外貨を常に準備しておかなければならない。つまり、自国通貨の発行量には、金《きん》あるいは外貨の準備という制約が課されている。

しかし、自国通貨と外貨との交換比率が固定されていない変動為替相場制の下であれば、そのような制約からも解放されている。政府は、無制限に自国通貨を発行することができるのだ。こうして、変動為替相場制の下において、自国通貨を発行する政府は、いくら政府債務を積み上げても、財政破綻（債務不履行）に陥ることはないという、現代貨幣理論の有名な結論が導かれるのである。

自国通貨を発行する政府は、財政破綻に陥ることはないのであるならば、予算均衡を目指す健全財政は無意味だということになる。では、財政はどのように運営されるべきか。財政支出、徴税あるいは国債の発行は、何を基準にして行われるのか。現代貨幣理論は、アバ・P・ラーナーが提唱した「機能的財政」に依拠すべきであると主張する。

「機能的財政」論とは、財政支出、課税あるいは国債の発行は、それらが失業率、金利、物価など、経済社会に与える影響によって判断すべきだとする理論である。

例えば、課税は、累進課税によって所得格差を是正したり、炭素税によって温室効果ガスを削減したりするなど、経済社会を望ましい姿にするために用いられる。あるいは、需要が過剰になって供給が追い付かず、デマンドプル・インフレが起きている場合には、消費や投資に対して課税することで、需要を抑制し、インフレを収束させることも考えられる。いずれにせよ、課税は、財政支出に必要な財源を獲得するために必要なのではないのである。

主流派経済学は「リカードの等価定理」を想定し、政府が財政赤字を拡大して需要を増大させても、将来必要になる増税がこれを相殺するので、財政政策は効果に乏しいと主張してきた。しかし、貨幣循環理論や現代貨幣理論が明らかにしたように、健全財政が無意味であるならば、財政赤字の拡大は将来の増税を必要とするものではない。「リカードの等価定理」などというものは成立しないのである。

財政支出や金融緩和がインフレを引き起こすとは限らない

政府あるいは企業は、貨幣を支出して財やサービスを購入したり、労働者を雇用したりすることで、実物資源を動員する。

先に述べたように、貨幣は無から創造されるものであり、貨幣需要に応じて、制約なく供給することができる。しかし、貨幣を通じて供給される実物資源の方は、そうはいかない。実物資源の賦存《ふぞん》量は言うまでもなく有限であるから、その供給能力には限界があるのである。

したがって、政府には財源の制約がないからと言って、無制限に財政支出を拡大できるわけではない。例えば、公共投資を拡大し続けると、いずれ、建設資材や建設労働者といった実物資源の供給制約にぶつかる。政府支出により拡大した需要が供給制約を超過すれば、デマンドプルの高インフレが引き起こされる（図表2－4）。

主流派経済学者は、財政赤字の拡大は高インフレを引き起こすと主張する。しかし、政府が財政支出を拡大しても、需要が供給制約を超過しない限りは、高インフレにはならない。財政赤字それ自体がインフレを起こすわけではない。財政支出が、実物資源をその供給制約以上に動員しようとした場合にのみ、高インフレになるのである。

同じように、金融緩和がインフレを引き起こすとは限らない。企業の資金需要が実物資源の供給制約を上回っていない限りは、インフレにはならない。いくら金利を引き下げても、あるいは銀行の準備預金を増やしても（量的緩和）、そもそも企業に需要が存在しなければ、企業は支出を増やさず、実物資源も動かされないので、インフレになりようがないのだ。安倍政権下で、黒田東彦《はるひこ》総裁が率いる日本銀行が異例の規模の量的緩和政策を行っても、デフレを脱却できなかったのも、そのためである。

逆に言えば、財政支出の拡大や利上げを一切しなくても、何らかの理由で供給能力が減少し、需要を満たす供給が困難になった場合には、インフレが引き起こされることになる。コストプッシュ・インフレである（図表2－5）。

まとめると、政府は無から貨幣を創造することができ、（固定為替相場制などの制度的な制約がない限りは）何の資金的な制約もなく財政支出を拡大し、貨幣を供給することができる。自国通貨を発行する政府の財政支出には、財源の制約はない。ただし、財政支出によって動員できる実物資源の量には制約がある。需要が実物資源の供給制約を超えれば、インフレになる。したがって、インフレは、実物資源の需給関係の問題であって、貨幣供給量や財政支出の規模の問題では必ずしもない。

このインフレと貨幣の関係については、次のようにも言うことができる。

主流派経済学者は、貨幣供給が過剰になるとインフレが起きると考えているが、信用創造の議論で明らかにしたように、貨幣は需要に応じて供給される。したがって、貨幣が需要を超えて過剰に供給されるということはあり得ない。

これに対して、需要が供給能力を超えて過剰になることはあり得る。需要が過剰になるとインフレになる。そして、貨幣は、需要に応じて供給されるので、需要が増えれば貨幣供給量も増える。

すなわち、デマンドプル・インフレになると、貨幣供給量が増えるのである。貨幣供給量が増えて、インフレになるのではないのだ。

ポスト・ケインズ派は「需要が供給を生む」と考える

これまで繰り返し述べてきたように、インフレは、需要の拡大が供給を超過するデマンドプル・インフレと、供給が減少して需要を満たせなくなるコストプッシュ・インフレの二つに大別される。

しかし、すでに述べたように、主流派経済学の理論モデルにおいて、インフレとして想定しているのは、もっぱらデマンドプル・インフレであって、コストプッシュ・インフレではない。

主流派経済学の基礎にある一般均衡理論は、「供給が需要を生み出す」という「セーの法則」を前提としている。そして、需要が供給を生み出すという、「セーの法則」とは逆の因果関係は想定されていない。セーの法則が正しければ、仮に何らかの理由で供給が減少したとしても、減少した供給に見合って需要も減少するので、インフレにはならない。したがって、インフレが起きるとすれば、需要が供給を超えて拡大した場合のみである。主流派経済学が、インフレとして、デマンドプル・インフレしか想定できないのは、この「セーの法則」を前提としているからであろう。

これに対して、ポスト・ケインズ派は、インフレの多くはコストプッシュ・インフレであると考えている。というのも、ポスト・ケインズ派は、「供給が需要を生み出す」というセーの法則を否定するのみならず、むしろ、需要の方が供給を生み出すと考えているからである。この点は、両学派の成長理論を対比すると明確になる。

主流派経済学の成長理論は、経済成長は、人口や技術などの供給側の要因によって決定されるものと想定している。需要は、短期の経済変動の要因ではあるかもしれないが、長期の経済成長の決定要因ではないとされているのである。

主流派経済学者や経済評論家たちが、「積極的な財政金融政策による需要刺激策は、短期的な景気対策にはなり得ても、長期の経済成長に資するものではない」「長期の経済成長については、供給側を強化する構造改革や成長戦略が必要である」と論じるのをしばしば耳にするだろう。こうした議論は、主流派経済学の供給主導型の経済成長の理論が念頭にあるのだ。

これに対して、ポスト・ケインズ派は、短期の景気浮揚のみならず、長期の経済成長においても、需要が主導的な役割を果たすと論じてきた。というのも、需要が増大して経済が拡大している時には、労働者一人当たりの労働時間の増加、労働参加率の上昇、あるいは外国人労働者の流入が誘発され、労働供給が増加するからである。あるいは、労働者は、より生産性の高い部門に移動したり、規模の経済性や学習効果が働いたりすることによって、その生産性を高めるだろう。さらに、経済拡大期の企業は、より高い利益を求めて、積極的に新しい技術を導入したり、研究開発を行ったりする。これが意味するのは、需要が増加することによって、労働人口の増加や技術進歩といった供給側の要因が強化されるということである。需要が主導して供給を強化するという形で、経済が成長するのである。(7)

「矛盾しているのは理論ではなく、資本主義経済である」

同じことを多少角度を変えて言うと、需要の増大によって需給ギャップが生じ、デマンドプル・インフレが起きようとしても、その増大した需要が供給をも増加させるのであれば、需給ギャップは再び縮小するので、デマンドプル・インフレは抑制されることになるのである。

とりわけ、投資が果たす役割は重要である。設備投資は、それが決定された時点では、需要の追加となる。しかし、設備が完成して稼働すると、供給が増加することになる。しかも、新しい供給設備は旧《ふる》いものよりも性能が良いから、供給力はなおさら高まっていることになる。その結果、需給ギャップは縮小するので、インフレは抑制される。しかも、需要超過が解消されると、企業の投資意欲は減退する。それによって、需要不足と供給過剰が甚《はなは》だしくなれば、デフレにすらなるのである。

ミハウ・カレツキは、このような「投資」の二面性に着目することで、景気循環のメカニズムを説明している。カレツキは言う。「支出とみなされる投資は、繁栄の源泉であり、投資が増加するたびにビジネスは改善し、さらなる投資の刺激となる。しかし、同時に、あらゆる投資は、資本設備の追加であり、それは旧世代の設備と競合するのである。投資の悲劇は、それが有益であるがゆえに危機を招くところにある。多くの人がこの理論は矛盾しているとみなすだろうことは疑いない。しかし、矛盾しているのは理論ではなく、その理論の対象、すなわち資本主義経済なのである[8]」

このように、資本主義経済においては、需要の拡大が供給を増大させるという経路によって経済が成長する。したがって、需要超過がいつまでも続くデマンドプル・インフレは、通常は、想定しにくいのである。

ただし、開発途上国など、資本主義が未成熟な経済においては、労働者の能力や技術水準な

図表4-4　開発途上国ではインフレが深刻化しやすい

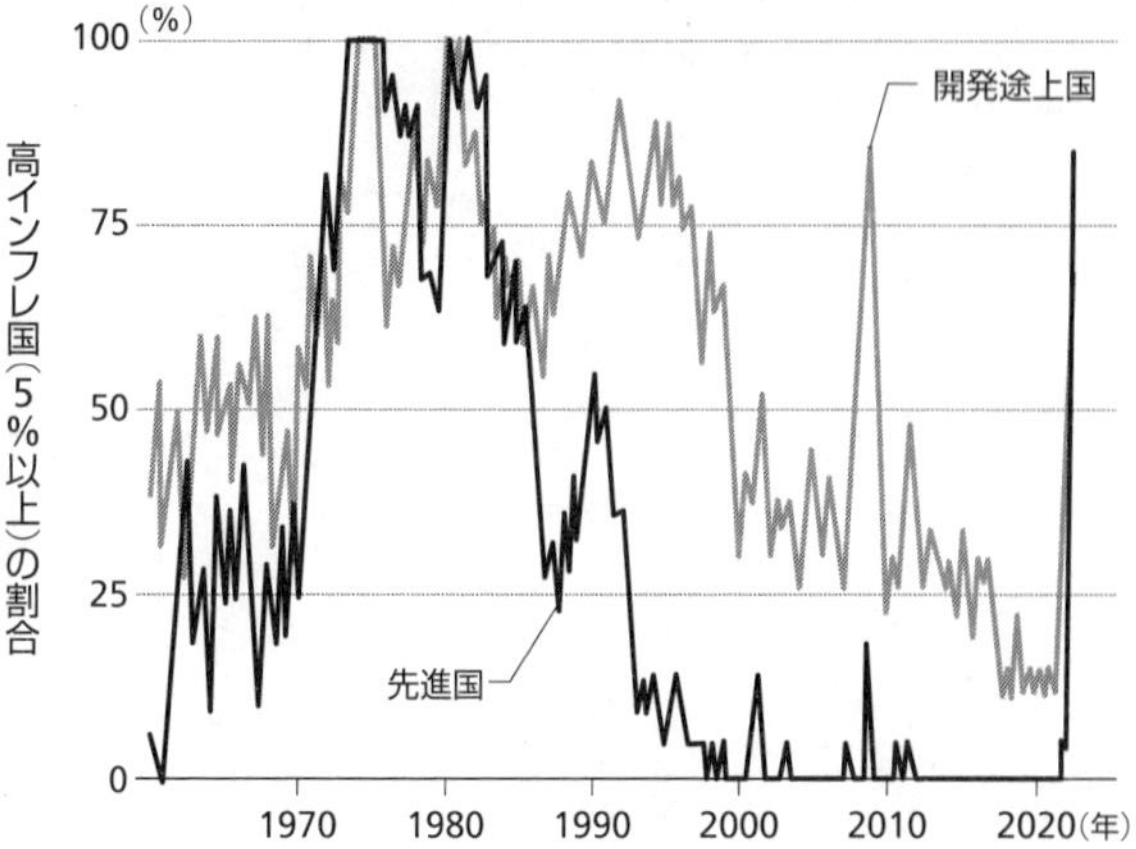

出典：BIS Annual Economic Report 2022

どの供給の潜在能力が低過ぎて適当な投資先が存在しなかったり、あるいは、そもそも投資を可能にする制度や慣習が未発達であったりする。このため、開発途上国は、先進国とは異なり、需要に対して供給が容易に追い付かなくなりがちで、デマンドプル・インフレになりやすい。そして、供給能力が脆弱であるため、コストプッシュ・インフレにも見舞われやすい。開発途上国が先進国よりもインフレ率が高く、またインフレが深刻化しやすいのはこのためである（図表4－4）。

これに対して、発達した資本主義経済を有する先進国が懸念すべきは、インフレよりもむしろ、高い生産能力が引き起こすデフレの方であろう。デフレこそが、カレツキが言う資本主義経済に内在する矛盾である。

しかし、需要不足の局面になったとしても、政府が財政政策によって需要を拡大すれば、デフレは解消される。それだけではなく、政府が需要超過の状態をつくり出せば、民間の投資や労働力の増大あるいは技術進歩が引き起こされ、一定の期間を置いたのちに、供給もまた増大を始める。もし政府の支出先がインフラ整備や技術開発あるいは教育に振り向けられれば、それもまた供給を増大させる。

経済成長には財政支出の継続的な拡大が必要

こうして、政府が積極財政を続けることで、需要主導の経済成長が持続し得るのである。言い換えれば、発達した資本主義経済において、成長を持続させるためには、継続的な財政支出の拡大が必要だということである。

ジャネット・イエレンは、FRB議長の任にあった二〇一六年、「危機後のマクロ経済研究[9]」という講演を行い、その中で、二〇〇八年の世界金融危機による需要の急減が、供給側にもダメージを与え、その結果、潜在的な経済成長力が低下したと論じた。すなわち、需要が供給に影響を与えることを認めたのである。

なぜ、需要の減少は、供給をも弱らせるのか。不況になると、失業者が増え、労働力が落ちる。企業は投資を控えるから、生産設備の増加や技術革新によって生産性を向上させる機会が失われる。起業も乏しくなる。こうして、需要不足による不況の間に、供給能力が弱体化し、長期的にも経済成長が鈍化するというのである。一時的な不況のダメージが後遺症となって、長期の経済成長にも悪影響を及ぼす。このような効果のことを、主流派経済学では「履歴効果」と言う。イエレンは、この「履歴効果」に言及して、世界金融危機後の長期停滞を説明したのである。

このような議論を展開するにあたり、イエレンは、一九七〇年代にアーサー・オークンが提唱した「高圧経済（high pressure economy）」なる概念をもち出した。「高圧経済」とは、需要が十分にあって、労働市場がタイトな状態の経済を指す。言わば、インフレ気味の経済である。

高圧経済の下では、需要が十分に存在することから、企業は積極的な設備投資を行って、生産能力を拡大する。起業も活発に行われる。雇用機会も十分にあるので、労働力はより生産的な仕事へと移動し、賃金も上昇する。したがって、政府による公共投資によって、需要を拡大し、高圧経済の状態を作り出すことができれば、民間投資が誘発され、供給力が高まり、経済成長が可能になるのである。イエレンの議論は、主流派経済学の需要側を無視した供給主導型の成長理論を大きく修正するものであった。

もっとも、ポスト・ケインズ派は、需要は「履歴効果」などではなく、もっと直接的に供給能力を拡大すると考えている。とは言え、イエレンのような主流派経済学者が、積極財政による需要の拡大に、短期のみならず長期の影響をも認めたことは、画期的と言えるであろう。

そのイエレンは、二〇二一年に財務長官に就任し、一・九兆ドルもの大型の財政出動から成る「米国救済計画」を実施した。新型コロナウイルスのパンデミックがもたらした深刻な需要不足が「履歴効果」となって、長期の経済成長をも困難にすることを恐れたのであろう。この「米国救済計画」によって、二〇二一年のアメリカ経済は急回復を遂げ、労働市場は逼迫して賃金も上昇した。まさに「高圧経済」が生み出されたのであり、イエレンの目論見は成功したと言ってよい。もっとも、二〇二二年二月以降は、ロシアのウクライナ侵攻によってコストプッシュ・インフレがもたらされてしまったが、このインフレを以《もっ》て「米国救済計画」を失敗とみなすのは間違っていることは、前章で述べた通りである。

では、財政支出の拡大は、実際に、経済成長を促進するものであるか、長期のデータで確認してみよう。

図表4－5の通り、一九九七年から二〇一七年の間における主要三十一カ国の財政支出の伸び率と名目及び実質GDPの成長率の関係を見ると、財政支出の伸び率は、名目GDPのみならず実質GDPの成長率と高い相関関係を示していることが分かる[10]。

このうち、財政支出の伸び率が最も低く、経済成長率も最も低いという不名誉な位置にあるのが、日本である。我が国では、「日本は大規模にバラマキを行ってきたが、経済は成長しなかった。したがって、財政政策は効果がない」といった主張が頻繁になされ、広く信じられているが、実際には、図表4－5が示す通り、そもそも、日本は大規模なバラマキを行うどころか、世界に冠たる緊縮財政国家であったのだ。そして、この間、デフレの状態が続いていたのも、日本だけである。他のどの国よりも財政支出を抑制し続けたのだから、それも当然である。「財政出動は短期的に効果のある景気対策に過ぎず、長期的には効果がない」などという主流派経済学の成長理論を真に受けたのみならず、短期的な景気対策すら怠ってきたのであるから、経済が成長するはずもないのだ。

他方、日本以外の国々は、いずれも日本よりも財政支出の伸び率が高いが、そのうち、デマンドプル・インフレを抑制できずに苦しんだ国は一つとしてない。財政支出の伸びは、需要を拡大させたはずだが、供給もまた増大したことから、高インフレにはならなかったのである。[11]

このように、資本主義経済においては、需要が供給を生むことから、大幅な需要超過が続くデマンドプル・インフレは起きにくい。デマンドプル・インフレが起きるとしたら、例えば、パンデミックからの回復過程で一時的にペントアップ需要が急増して、供給が追い付かなくなった場合や、戦争などの地政学的危機あるいは自然災害など、特殊な要因によって大規模な対策や復興の需要が急激に発生した異常事態に限られるのである。

図表4-5　主要31カ国の財政支出の伸び率とGDP成長率の相関関係（1997-2017）

1. 名目GDP成長率の場合

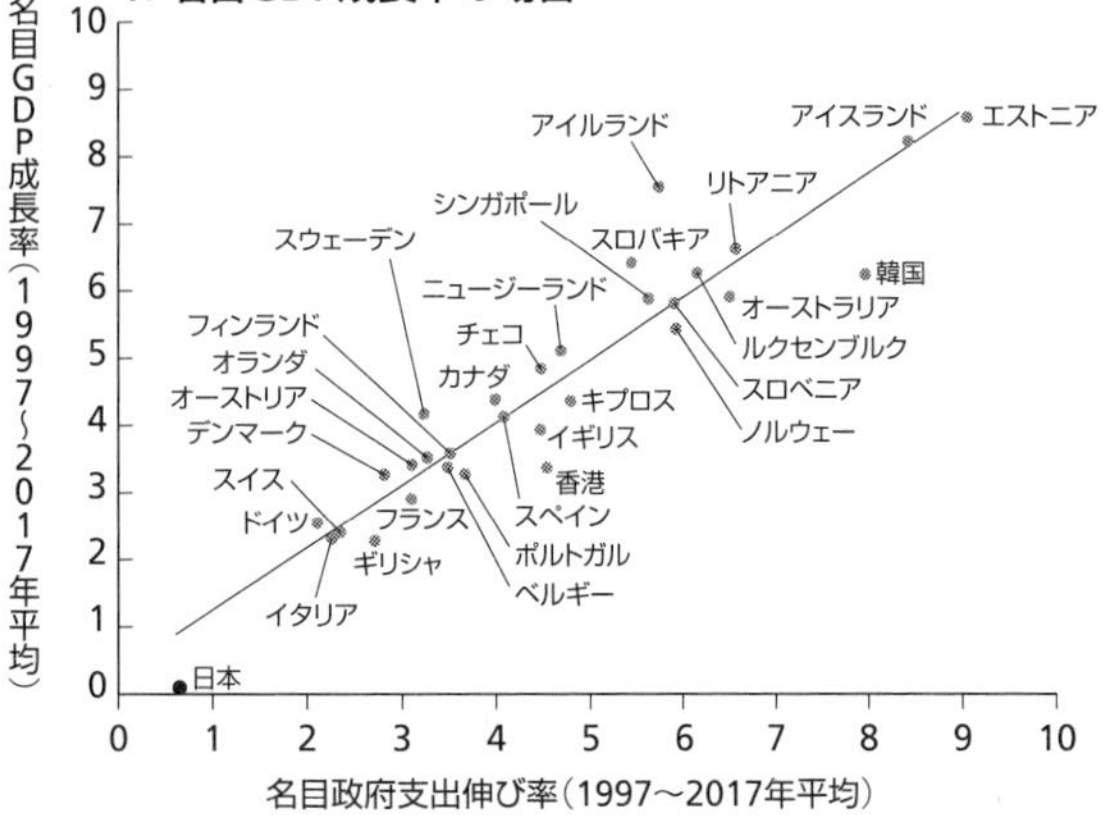

2. 実質GDP成長率の場合

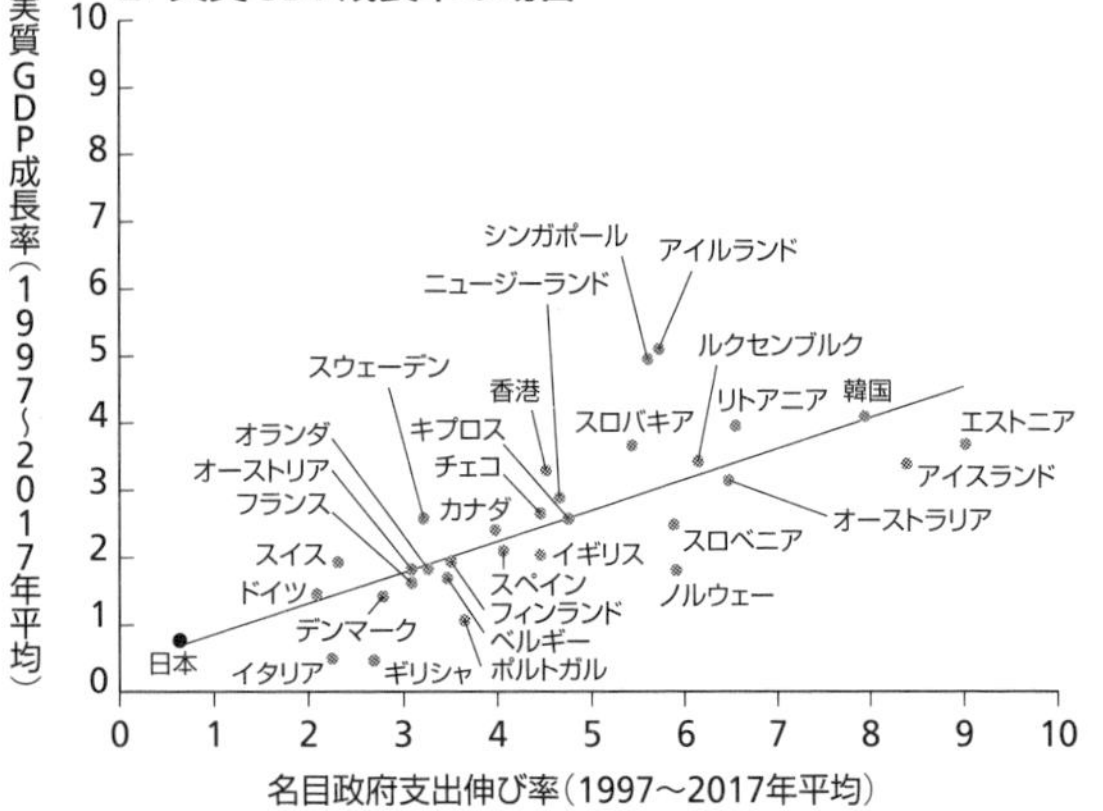

出典：朴勝俊・シェイブテイル（2020）『バランスシートでゼロから分かる財政破綻論の誤り』（青灯社）p.173

図表4-6　世界のインフレ率の推移

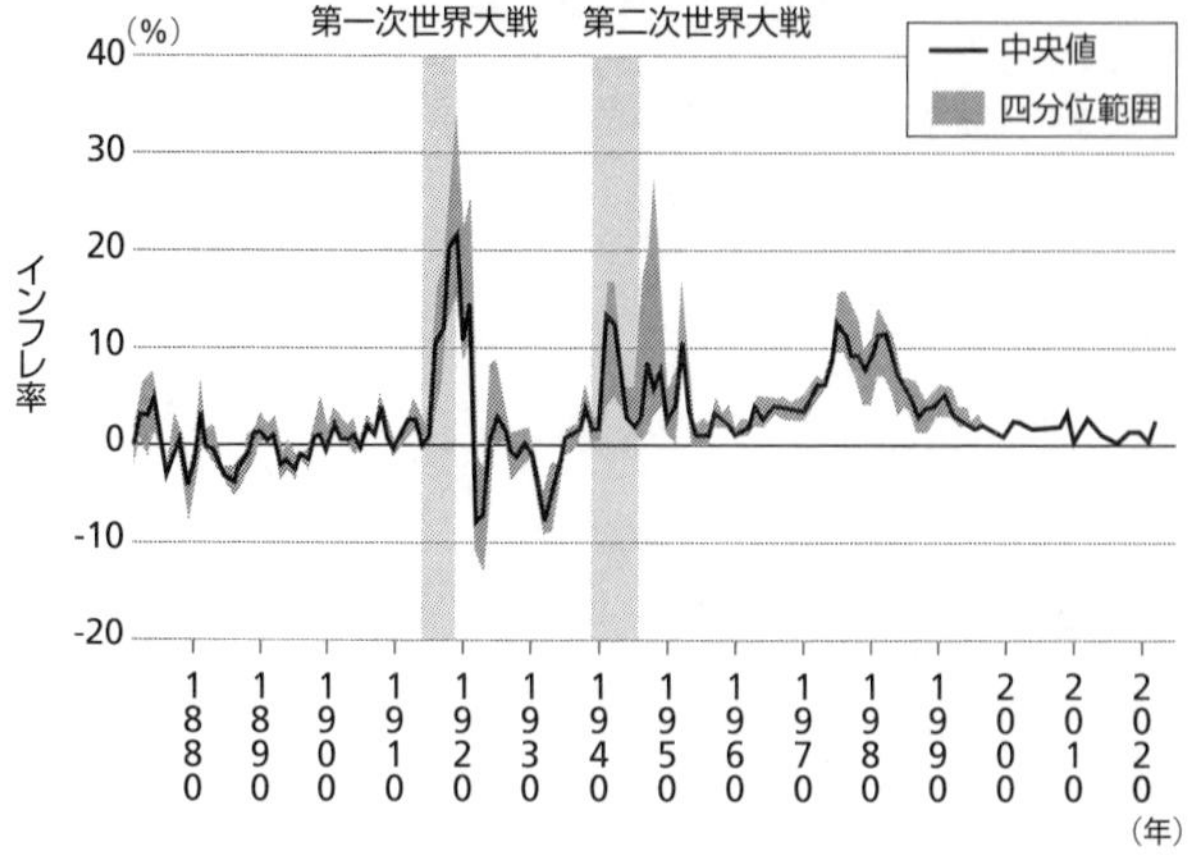

出典：Global Financial Data; national data; BIS. BIS Annual Economic Report 2022

実際、二十世紀において、インフレ率が二桁台になるような極端な高インフレの経験は、二つの世界大戦とその終戦後、そして一九七〇年代の二度の石油危機（これらも地政学的危機が理由である）だけであって、それらを除けば、基本的に物価はおおむね安定していたのである（図表4－6）。

これに対して、主流派経済学者たちの中には、ジェームズ・ブキャナンの説に従って、民主政治が財政支出の拡大を過剰にし、インフレを引き起こすと主張する者が少なくない。

ブキャナンの説とは、簡単に言えば、次のようなものである。

民主政治においては、政治家は、有権者の支持を多く得ようとして、利益誘導や手厚い福祉を約束しがちである。このため、民主政治の下では、必要以上の政府支出が行われるようになり、需要が過剰となる。その結果、財政赤字が拡大し、インフレが起きる。

インフレが過剰になるならば、政府は、財政支出の削減や増税など、需要を抑制するような経済政策を実行すればよいはずだ。しかし、経済理論的にはそうかもしれないが、実際の政府は、民主政治が動かしている。そして、民主政治は、需要の抑制には容易には同意しない。なぜならば、財政支出の削減や増税は国民に対し不利益を強いるものであるが、有権者の支持を多く得たい政治家には、そのような不人気な政策を実行できないからだ。だから、民主政治の下では、インフレは止められなくなる。そこでブキャナンは、解決策として、憲法に健全財政の規律を規定して、民主政治を制限すべきだと主張したのである。[12]

ハイパーインフレはなぜ起きるのか

しかし、このブキャナンの説は、間違っている。

すでに見たように、戦後、ほとんどの民主国家が憲法で財政規律を規定していないにもかかわらず、戦争あるいは石油危機のような事例を除いて、高インフレが長く続いた例はほぼない。しかも、高インフレとなった事例については、コストプッシュ・インフレの側面が強い。すなわち、ブキャナンの説を立証するような事例は、存在していないのである。

また、政府が財政支出を拡大し過ぎて高インフレを引き起こしているにもかかわらず、財政支出の拡大を止めないということは、民主政治が健全に機能している限り、およそ考えられない。なぜなら、国民は高インフレに対して強い不満を抱くものであり、高インフレを放置する政府を支持しないからだ。

実際、二〇二一年以降の高インフレについて見れば、多くの政権が高インフレを理由に支持率を低下させている。特にアメリカでは、インフレ削減法を成立させたほか、FRBが利上げを断行した。コストプッシュ・インフレにもかかわらず利上げを躊躇しないほど、インフレを恐れる中央銀行であれば、デマンドプル・インフレに対しても即座に利上げを行うであろう。それにもかかわらず、アメリカをはじめ各国政府が容易にインフレを収束させられないでいるのは、それがコストプッシュ・インフレ、すなわち、財政支出の抑制によって対処できるような類いのインフレではないからに過ぎない。

民主政治下において、財政支出の拡大に歯止めがかからず高インフレになるとしたら、何度も述べたように、戦争など特殊な目的の需要が生まれた場合である。しかし、こうした場合のインフレの原因はあくまで戦争などであって、民主政治それ自体ではないことは言うまでもない。

財政赤字の拡大によって、インフレに歯止めがかからなくなると主張する論者は、しばしば、第一次世界大戦終結直後のドイツのハイパーインフレ、第二次世界大戦中や終戦直後の日本の高インフレ、財政破綻したアルゼンチン、あるいはジンバブエのムガベ政権下で起きたハイパーインフレなどを例に挙げる。

確かに、歴史上、ハイパーインフレという現象が生じたことはある。ただし、事例は少ない。しかも、それらの事例は、いずれも、①社会的・政治的な混乱や内戦、②戦争などによる生産能力の崩壊、③徴税能力の弱い政府、④多額の外貨（あるいは金《きん》）による対外債務（非自国通貨建て債務）のいずれかを原因とするものである[13]。このうち、①や②は、供給能力が極端に制約されることによって起きるコストプッシュ・インフレである。④についても、外貨建て対外債務の増加が自国通貨の暴落を招き、輸入財の価格を高騰させるので、これもコストプッシュ・インフレに含まれる。

このうち、③については、やや特殊かもしれない。現代貨幣理論が明らかにしたように、通貨は、政府が租税の支払い手段と法定することで、額面通りの価値を認められ、通貨として流通する。したがって、政府の徴税能力が失われれば、人々はその国の通貨を通貨として受け取らなくなるから、通貨の価値は暴落し、ハイパーインフレになるのである。

したがって、①から④までのいずれの原因によるハイパーインフレも、デマンドプル・インフレではない。ハイパーインフレの実例のほとんどは、供給制約によってもたらされたコストプッシュ・インフレなのである。

コストプッシュ・インフレは経済理論だけでは解決できない

ＦＲＢのパウエル議長は、コストプッシュ・インフレにもかかわらず、利上げというデマンドプル・インフレ対策を行い、主流派経済学者もまた利上げを支持した。彼らの誤った判断の根源は、主流派経済学にあった。

主流派経済学の理論モデルは、インフレとしてデマンドプル・インフレのみを想定し、コストプッシュ・インフレを含めていなかった。また、政府と中央銀行は、貨幣の供給を財源の制約なく行うことができるということを理解していなかった。さらに、需要が供給を生むことへの理解も不十分であった。

これに対して、ポスト・ケインズ派は、インフレが問題になるのは、多くの場合、コストプッシュ・インフレであると考えている。また、変動相場制の下では、自国通貨を発行する政府(及び中央銀行)は、貨幣の供給を無制限に行うことができることを明らかにしている。もっとも、政府支出には資金の制約はないが、実物資源の供給には制約されている。ただし、供給制約は、企業や政府による投資によって緩和することができる。そして、需要の拡大は供給をも増やすのである。

したがって、コストプッシュ・インフレに対して、ポスト・ケインズ派は、金融引き締め政策ではなく、供給制約を緩和するための積極財政政策を処方するのである。

ただし、ポスト・ケインズ派の経済理論にも、一定の限界がある。ポスト・ケインズ派は、コストプッシュ・インフレを考慮に入れているとは言え、コストプッシュ・インフレの原因は、前二章で論じたように多種多様であり、また、それぞれ固有である。したがって、コストプッシュ・インフレ対策は、ポスト・ケインズ派の経済理論から一律に導き出せるのではなく、コストプッシュ・インフレごとに異なるものでなければならない。しかも、例えば戦争や気候変動がインフレの根本原因であれば、その解決策の探究は、経済学の領域の外にある。

だとすると、コストプッシュ・インフレを克服するためには、少なくとも、個別の事象について固有の判断ができる実践的なセンスと、経済理論を超えた総合的・俯瞰的な知識が必要になるだろう。コストプッシュ・インフレは、並みの経済学者や経済政策担当者では、到底、手には負えない難題なのである。

ただし、コストプッシュ・インフレの原因となっている実物資源の制約が何であれ、その制約を緩和するためには、最低限、資金が必要である。資金の調達も制約されていては、実物資源の制約に対して、なすすべはないだろう。しかし、自国通貨を発行する政府は、資金の調達には制約されないのである。

　言い換えれば、自国通貨を発行する政府は、資金の供給制約からは解放されているが、実物資源の供給には制約されている。実物資源の供給制約がコストプッシュ・インフレをもたらす。しかし、実物資源の供給制約は、資金の供給によって実物資源を動員することで、ある程度は緩和できるであろう。このことを明らかにすることで、ポスト・ケインズ派の経済学は、コストプッシュ・インフレ対策に大きな貢献をなし得るのである。

第五章

恒久戦時経済

第五波インフレで、世界は政治的危機へ

歴史家のデイヴィッド・ハケット・フィッシャーは、『大波動―物価革命と歴史のリズム』において、十二世紀末から二十世紀末までの八百年間の物価の変動を研究し、物価革命とも言うべきインフレの波が四回あったと主張している。

第一波は一一八〇年から一三五〇年まで、第二波は一四七〇年から一六六〇年まで、第三波は一七二九年から一八二〇年まで、そして第四波は一八九六年以降だというのである。

フィッシャーの研究は一九九六年に発表されたものであるが、その後、第二次グローバリゼーションが加速し、そして二〇〇八年から終わり始め、さらに二〇二〇年代に入って、我々は四十年ぶりのインフレに直面している。フィッシャーの区分が正しいとしたら、我々は、物価革命の第五波という歴史の転換期の中にいるのかもしれない。

これまでの議論の中で強調してきたように、インフレは、それぞれ固有の原因をもっている。フィッシャーも、過去八百年の間に起きた四回のインフレの波の原因は、それぞれ固有であることを十分に認めている。しかしながら、その一方で、彼は、これら四回のインフレの波には重要な共通点も認められると主張するのである。

中でも、最も重要な共通点は、いずれのインフレも、社会の不均衡を拡大し、政治秩序を不

安定化させ、反乱、内戦、革命、戦争といった危機を引き起こしてきたということである。そうだとすると、我々は、フィッシャーの説の真偽を確認せざるを得ないであろう。第五波と言うべき二〇二〇年代のインフレによって、世界は、政治的な危機へと突入するということになるからである。

フィッシャーの議論は、次のようなものであった。

西洋世界におけるインフレの第一波は、一一八〇年に始まり一三五〇年まで続いた。そのインフレ率は〇・五％以下であり、現代の基準からすると極めて低いものであったとは言え、インフレは西洋世界全般に及び、かつ長期にわたって続き、中世ヨーロッパの秩序を揺るがした。

中世ヨーロッパ文明に終焉をもたらした第一波インフレ

第一波のインフレの原因は、十二世紀までの安定期がもたらした人口の増加であった。早婚化・多産化が進み、ベビーブームが起きた。それは、若年層という従属人口の増大をもたらすことで、需要を増大させ、インフレが引き起こされたのである。特に、燃料（薪や木炭）と食料の価格が上昇した。

物価の上昇率が賃金の上昇率を上回ったため、実質賃金は低下した。ところが、貴族階級や富裕な商人階級は、その所得をインフレから守ろうとして、地代や利子を引き上げたのである。

こうして、格差がいっそう拡大し、社会は不均衡化していった。また、各国は財政難に陥ったため、貨幣の改鋳《かいちゅう》を繰り返し、それがますます経済の混乱を招いた。

さらに、一三一四年から一三一六年にかけて、冷夏や豪雨などの異常気象が続いたために食料生産が激減し、飢饉が発生し、風土病が蔓延した。とりわけ、一三四六年、タタールがクリミアを侵略した際にペスト（黒死病）がもたらされ、翌年、ペストが大流行した。これにより、ヨーロッパの人口の二五%から四〇%がペストで死亡したと推計されている。社会は著しく不安定化し、犯罪、暴動、反乱、戦争が頻発し、ユダヤ人や外国人の虐殺も発生した。こうして、中世ヨーロッパ文明は、終焉を迎えたのである。

格差拡大、反乱、革命、戦争を引き起こした第二波・第三波

インフレの第二波は、一四七〇年から一六六〇年までである。そのインフレ率は一%程度とは言え、第一波の二倍の水準であり、しかも長期にわたって続いた。

第二波のインフレの原因もまた、人口の増加であった。第一波が収まった後、十五世紀のヨーロッパは安定し、繁栄したが、それが従属人口の増加をもたらし、インフレを引き起こしたのである。その結果、食料の価格は、他の商品の価格や賃金以上に上昇した。また、エネルギーの需要も高まり、燃料を求めて伐採が行われたため、広大な面積の森林が失われた。

一五〇〇年以降、新大陸で金銀鉱山が開発され、大量の金銀がヨーロッパへと流入した。マネタリストであれば、このアメリカ大陸からの金銀の流入がインフレの原因であると主張するだろう。しかし、実際には、イギリスやドイツでは、新大陸から金銀が大量に流入するようになる前の半世紀で、物価はすでに二倍になっていた。また、新大陸からの金銀の流入量とインフレ率は、必ずしも連動しなかったのである。

第二波においても、第一波と同様、実質賃金は低下した。一五七〇年の実質賃金は、第二波が始まる前の半分にまで落ち込んだ。その一方で、地代と金利は上昇したので、地主や商人階級はますます富裕になった。社会の不均衡が拡大し、農民の反乱が頻発するようになった。国家は、財政の悪化により弱体化した。社会が不安定化する中、プロテスタントによる宗教改革や、カトリックによる反宗教改革が起き、西洋世界の秩序は大きく動揺した。

特に、十七世紀ヨーロッパは、歴史家たちが「全般的危機」と呼ぶ暗黒時代であった。一五九〇年代は「小氷河期」とも言われるように、豪雨や寒冷化などの異常気象に見舞われ、それによって飢饉や風土病が発生した。一六一〇年から一六二二年にかけては、大不況が起きた。戦争も頻発し、一五五一年から一六五〇年までの間で、平和が保たれていたのは一六一〇年のみであった。特に一六一八年から一六四八年まで続いた三十年戦争によって、ヨーロッパは荒廃した。こうした中で、財政難に陥った国々は、貨幣の悪鋳や増税という手段に訴えたため、反乱、内戦、さらには革命が引き起こされた。イギリスのピューリタン革命や、フランスのフロンドの乱は、その典型である。

インフレの第三波は、一七二九年に始まり、一八二〇年まで続いた。第三波もまた、第一波や第二波と同様に、早婚化と多産化が進んだことによる従属人口の増大がもたらした需要の増加によって始まった。食料とエネルギーの価格が上昇したのも、地代や金利が上昇し、実質賃金が下落し、社会的な不均衡が拡大したのも、同じであった。

社会的不均衡の拡大は、これまでの波と同様に、政治秩序の不安定化をもたらし、戦争や内戦が頻発し、ついには革命が起きた。オーストリア継承戦争、七年戦争、アメリカ独立戦争、フランス革命、そしてナポレオン戦争である。

また、一八一四年から一八一八年までは深刻な天候不順となったため、一八一六年から一八一七年は食料不足に陥った。しかしながら、この時は、第一波や第二波の時のような深刻な飢餓は発生しなかった。その理由の一つは、世界市場が統合されたことである。ウクライナのオデッサ、アメリカのボルティモア、エジプトのアレクサンドリア、トルコのイスタンブールから、食料がヨーロッパに向けて輸出されるようになっていた。また、食料の価格が高騰すると、国家が救貧政策を行うようになったことも、飢餓を防いだ理由として挙げられる。

しかしながら、一八二〇年以降、大英帝国の覇権の下で世界秩序が安定すると、物価も安定するようになり、インフレ（供給不足）よりもむしろデフレ（供給過剰）が問題となるようになった。これについては、多少、補足説明が必要であろう。

十九世紀の西洋世界は、産業革命によって産業資本主義が成立し、生産能力が飛躍的に増大したため、供給が過剰気味になり、デフレ不況が発生するようになった。産業革命以前の世界においては、不況と言えば、もっぱら供給不足が引き起こすインフレだった。デフレ不況というのは、極めて高い供給能力をもつ産業資本主義に固有の病理なのである。

さらに十九世紀後半になると、重化学工業や電気による「第二次産業革命」が進展して供給能力を飛躍的に向上させ、加えて鉄道、蒸気船、電信などの発達と普及により、世界市場の統合が急速に進んだ。この時期は「第一次グローバリゼーション」と呼ばれている。この第一次グローバリゼーションは、海外からの安価な資源、製品あるいは労働力の流入を促進し、デフレ圧力を発生させた。フィッシャーは指摘していないが、この第一次グローバリゼーションもまた、インフレの抑止に貢献したものと考えられる。

十九世紀の西洋世界は、産業資本主義と第一次グローバリゼーションによって、全体を通してみれば、おおむねデフレ基調であったのである。

冷戦の終結をもたらした第四波インフレ

インフレの第四波は、一八九六年に、それまでのデフレから脱却して始まった。その原因は、またしても人口の増大であった。一八九〇年以降、医学が飛躍的に進歩し、いわゆる「公衆衛生革命」が起きたことで、死亡率が激減し始めた。また、西ヨーロッパと北アメリカ以外の地域では、出生率が上がった。その結果、一九〇〇年から一九五〇年の世界人口の増加率は、一八五〇年から一九〇〇年の増加率のおよそ二倍にもなった。また、十九世紀末から、第二次産業革命による産業発展によって生活水準が劇的に向上した。さらに、民主化が進み、政府は社会福祉の充実を強く求められるようになった。これらは、いずれもデマンドプル・インフレを引き起こす要因となったのである。

また、一八九〇年にアメリカのフロンティアが消滅するなど、未開拓の地が枯渇し始め、供給が制約されるようになった。これは、コストプッシュ・インフレをもたらす要因と言える。

なお、一八九六年から一九一四年までのインフレ率は一~二%で推移し、一九一四年の第一次世界大戦の勃発により、急騰することとなった。フィッシャーは指摘してはいないが、一九一四年以前までは「第一次グローバリゼーション」の時期に当たる。第一次グローバリゼーションが、インフレ率を穏当なものに抑えていたと解釈することができるであろう。

一九一四年から一九四五年の間は、第一次世界大戦後のドイツのハイパーインフレや、大戦中の高インフレなど、一九三〇年代の世界恐慌という大デフレ不況の期間を除けば、基本的にインフレ基調であった。第二次世界大戦中の高インフレの際、アメリカは価格統制を行った。主流派経済学者は価格統制は有害無益とみなして忌避するが、実際には、大戦中の価格統制は奏功し、戦後、価格統制が廃止されると、物価は急騰したのである。

この第四波では、これまでの三つの波とは大きく異なる点があった。それは、一九六〇年代後半までは、実質賃金が上昇を続け、格差も縮小したということである。その理由について、フィッシャーは、労働組合が結成されるようになったこと、民主化が進んで福祉政策がとられるようになったことを挙げている。これらに加えて、ケインズ主義的な財政金融政策が実施されるようになったことも、大きな要因として挙げるべきであろう。

ところが、一九七〇年代に入って、エネルギーや食料の価格が急騰するコストプッシュ・インフレが勃発すると、実質賃金は低下した。さらに、一九八〇年代以降は、新自由主義の台頭により、インフレ対策として高金利政策がとられるようになった。それがどのような弊害をもたらしたかは、第三章で述べた通りである。

ここで重要なのは、第四波の一九八〇年代以降と、第一波から第三波までとの異同である。第一波から第三波までに共通するのは、実質賃金が低下する一方で、金利が上昇して格差が拡大し、その社会的な不均衡が政治秩序の不安定化を招いたという点である。

一九八〇年代以降も、実質賃金が低下する一方で、金利は上昇し、格差も拡大した。しかし、一九八〇年代の金利の上昇は、第三波までとは異なり、金融政策として実施されたということである。

第四波のインフレもまた、政治的な地殻変動をもたらした。一九八〇年から一九九〇年にかけて、東ヨーロッパ諸国やソヴィエト連邦の社会主義体制は、インフレに対して、配給制によって対応しようとしたが失敗し、社会主義体制は崩壊した。インフレの第四波は、冷戦の終結をもたらしたのである。

すでに危険な状態にあった世界を襲った第五波

フィッシャーの分析は、ここまでである。その後の世界は、第二次グローバリゼーション、そして中国や東ヨーロッパからの低賃金労働力の大量供給により、高インフレを回避した。それが終焉を迎え、二〇二〇年代から第五波とも言うべき高インフレが襲ってきたことは、これまで議論してきた通りである。

注目すべきは、第五波とこれまでの四つの波との相違点と共通点である。

まず顕著な違いは、過去の四つのインフレの波は、いずれも、人口増大局面における若年層の従属人口の増大によるインフレ圧力から始まっている。これに対して、第五波は、グッドハートとプラダンが論じたように、人口減少局面における高齢者層の従属人口の増大と生産年齢人口の減少がもたらしたインフレ圧力によるものである。

また、過去のインフレの波の原因となった人口の増加は、それ以前の社会が比較的安定していたことから生じている。そして、インフレの波が社会の変動を引き起こし、内戦や戦争、あるいは飢饉や疫病の蔓延を招いている。対照的に、第五波の場合は、米中対立、保護主義、あるいはコロナ禍やウクライナ戦争など、国際政治秩序の不安定化や疫病が先に起きて、それが原因でインフレが生じているのである。

他方、第五波には、これまでのインフレの波との共通点も認められる。

まず、増大局面と減少局面の違いはあるとは言え、人口動態が影響しているという点は、すべてのインフレの波に共通している。また、過去四回のインフレの波では、異常気象の影響が観察されたが、第五波においても、気候変動が関係している。エネルギーと食料の価格の高騰から始まっている点も、共通している。実質賃金の低下という点についても、同じである。さらに、金利については、第四波の一九八〇年代以降と同様に、金融政策によって人為的に引き上げられている。結果として、過去の四つのインフレの波と同様に、格差の拡大という問題が発生しているのである。

過去四回のインフレの波では、この格差の拡大がもたらした社会の不均衡が、政治秩序を不安定化させ、犯罪の増加、反乱、内戦、革命、戦争を引き起こした。そうだとすると、現下のインフレの第五波が招き寄せるのもまた、反乱、内戦、革命あるいは戦争といった全般的危機だということになろう。

他方で、第三波と第四波、とりわけ第四波は、危機を防ぐ上での重要な教訓を残している。第三波においては、第一波や第二波とは異なり、深刻な飢餓が発生しなかった。その理由の一つは、政府が救貧政策をとるようになっていたからである。さらに第四波の前半の局面においては、民主化の進展により、政府が社会福祉政策を充実させるようになっていたため、一九六〇年代まではインフレにもかかわらず実質賃金は上昇し、格差は縮小していた。インフレがもたらす社会秩序の危機を防ぐ上で、「大きな政府」が決定的な役割を果たしたのである。

また、第四波においては、農業革命による食料生産の飛躍的な増大、あるいは石炭から石油、そして原子力エネルギーといったエネルギー源の拡大など、技術革新や積極的な開発投資によって、供給制約を大幅に緩和することができた。この点においても、政府の農業政策やエネルギー政策が果たした役割は大きい。

こうした第四波の経験から、インフレがもたらす社会的な危機を防ぐためには、政府の積極的な役割が重要になるという貴重な教訓が得られるであろう。

しかしながら、第五波は、第四波にはない深刻な問題を抱えている。

第四波、特に一九七〇年代のインフレは、第三章でも論じたように、賃金が上昇し、格差が縮小する中で勃発した。また、その後に始まった第二次グローバリゼーションが、インフレ圧力を緩和した。

これに対して二〇二〇年代に始まった第五波においては、それが始まる前から、新自由主義の台頭と第二次グローバリゼーションによって、各国内における格差の拡大が深刻化していた。加えて、第一章において論じたように、アメリカのリベラル覇権戦略の失敗により、グローバリゼーションはすでに終焉し、世界秩序は不安定化し、地政学的リスクが著しく高まっていた。そういう危険な状態にあった世界に、インフレの第五波が襲ってきたのである。

歴史上の事例で言えば、高インフレがもたらすものは、反乱、内戦、革命あるいは戦争である。

一般に、新興国・開発途上国は、国内の政治社会基盤が脆弱であり、インフレ、異常気象、あるいは疫病といったストレスに対する耐性が弱い。食料やエネルギーの輸入国は、特にそうである。にもかかわらず、アメリカの利上げによって、通貨安が引き起こされたため、インフレのさらなる高進のみならず、債務危機のリスクにも直面している。今後、新興国・開発途上国における国内秩序の崩壊や内戦が増えていくだろう。

しかしながら、内戦や戦争に巻き込まれる恐れがあるのは、小国や開発途上国だけではないのである。

内戦が勃発する可能性が高まっているアメリカ

紛争問題の専門家であるカリフォルニア大学サンディエゴ校のバーバラ・ウォルターは、アメリカにおいて内戦が勃発する可能性が高まっていると警鐘を鳴らしている。もっとも、彼女の診断が下されたのは、高インフレが顕在化する前のことであった。

ウォルターの議論は、次のようなものであった。

CIA（中央情報局）が主導して設置された「政治的不安定性タスクフォース」が、内戦が起きる要因をデータに基づいて分析した。その結果、内戦が起きるリスクが最も高まるのは、独裁政治と民主政治の中間形態である「アノクラシー」と呼ばれる政治体制においてであるという結論に至った。例えば、独裁政治体制が民主化する過程において、あるいは、独裁的な指導者が民主的な選挙によって選ばれたような場合に、アノクラシーが出現する。アメリカの民主政治を示す指標は、二〇一六年の大統領選においてドナルド・トランプが勝利して以降、下落し続けた。そして、二〇二一年一月、トランプ支持者が連邦議会議事堂を襲撃する事件が起きた頃、指標はまさにアノクラシーを示していたのである。

研究によれば、内戦は、国内のある階層、民族あるいは宗派などの集団が疎外され、従来得ていた社会的地位を失う恐れにさらされ、強い怒りや恨みを抱くようになった場合に引き起こされる傾向にある。国民が分断され、内戦へと向かうこの道を、アメリカは歩んでしまったのである。

グローバリゼーションによって製造業の拠点がアメリカの地方から海外へと移り、あるいは低賃金労働者が移民として流入してくると、地方の製造業に従事していた労働者たちは、仕事を失って困窮した。そして、グローバリゼーションを推し進めた連邦政府、グローバリゼーションの恩恵を受けて豊かになっていく大都市居住のエリート層、自分たちの仕事を奪った移民に対して、怒りや恨みを抱くようになった。さらに悪いことに、彼らの怒りや恨みは、SNS（ソーシャル・ネットワーキング・サービス）を通じて派閥化・徒党化され、増幅されたのである。[1] SNSは、社会の分断と対立を深刻化させたのだ。

二〇二一年に成立したジョー・バイデン政権は、アメリカ国民の連帯と統合を取り戻すべく、努力はしている。一・九兆ドルという異例の規模の「米国救済計画」は、その努力の一環である。だが、そこにインフレの第五波が襲ってきた。エネルギーや食料の価格高騰に起因するコストプッシュ・インフレは、支出に占める食費や光熱費の割合が高い低所得者層により大きな打撃を与える。格差の拡大と国民の分断を悪化させる効果があるのである。インフレによって、アメリカ国民は政府に対する不満を高め、バイデン政権の支持率は著しく低下した。

さらに、問題となるのは、FRBによる利上げである。利上げは、失業を増やし、格差をさらに拡大させる。疎外された労働者層や低所得者層の怒りや恨みは増幅するであろう。このような中で、二〇二二年十一月には中間選挙が行われ、さらにその二年後には大統領選挙を控えているのである。もし、アメリカが、内戦あるいはそれに近い混乱に陥ることになれば、アメリカの国力は著しく低下し、国際社会におけるプレゼンスも大きく後退することになる。もちろん、東アジアにおける中国の挑戦に対抗する力など、なくなっているに違いない。世界の不安定化・無秩序化は、一挙に進むであろう。パウエル議長やサマーズら主流派経済学者たちはおそらく想像すらしていないのだろうが、この利上げは、世界秩序の崩壊の引き金にもなりかねないのである。

債務危機のリスクが高まりナショナリズムが先鋭化するEU

アメリカの利上げは、アメリカ以外の国や地域の通貨安をもたらし、インフレを悪化させたが、それだけではない。二〇一〇年代の金融緩和により債務比率が高まり、かつ二〇二〇年以降は新型コロナウイルス対策もあって政府債務の比率が飛躍的に高まっているところに、利上げが行われたことから、債務危機のリスクが高まっているのである。とりわけ、ユーロ加盟国では、二〇一〇年に勃発したユーロ危機のような債務危機が再燃する可能性がある。

そもそも、ユーロ加盟国は、共通通貨ユーロを採用し、自国通貨を放棄している。前章で論じたように、変動相場制の下で自国通貨を発行する政府であれば、財政破綻の恐れはなく、財政健全化の必要もない。しかし、自国通貨を発行しないユーロ加盟国は、そうではない。そこでEUは、安定・成長協定（SGP）によって、予算年次ごとの財政赤字をGDP比三％以内に抑えるとともに、債務残高がGDP比六〇％を超えないことを加盟国に求めていた。

しかし、二〇二〇年三月、EUは、EU域内での新型コロナウイルスのパンデミックを受けて、この財政規律のルール適用を一時停止する措置（一般免責条項の発動）に踏み切った。この財政規律のルールは二〇二三年には適用が再開される予定であったが、ウクライナ戦争の勃発を受けて二〇二三年も適用が停止されることとなった。

しかし、ユーロ加盟各国は、パンデミック対策のために巨額の財政支出を行い、さらには、ウクライナ戦争を受けての軍事費の増大や、エネルギー対策あるいはインフレ対策のための財政出動により、政府債務を積み上げている。つまり、ユーロ圏の債務危機が再燃するリスクが高まっているのである。

また、ウクライナ戦争を契機としたロシアによる天然ガスの供給制限により、天然ガスの供給をロシアに大きく依存していたヨーロッパ諸国は、深刻なコストプッシュ・インフレに見舞われた。加えて、アメリカの利上げによるユーロ安が、インフレに拍車をかけ、ヨーロッパの二〇二二年八月の消費者物価上昇率は前年比九・一％という過去最高値を記録した。

インフレは、ヨーロッパ諸国の国内政治を不安定化させた。二〇二二年六月のフランスの国民議会選挙では与党が大敗し、左派と右派の政党が躍進した。同年九月のスウェーデンの議会選挙においても、ＥＵに懐疑的な右派政党が第二党へと躍進し、同じ月のイタリアの議会選挙では、ＥＵに懐疑的な右派政党の「イタリアの同胞」が第一党となった。インフレは、ＥＵに遠心力を働かせているのである。

このインフレに対処するため、欧州中央銀行は、七月に政策金利を〇・五％引き上げ、十一年ぶりの利上げを行った。九月にはさらに〇・七五％引き上げ、年一・二五％にすることを決定した。この〇・七五％という上げ幅は、ユーロ導入以来、最大である。言うまでもなく、欧州中央銀行も、コストプッシュ・インフレに対する金融引き締めという、ＦＲＢと同じ過ちを犯したのである。

しかも、問題はそれだけではない。欧州中央銀行が決定する政策金利は、ユーロ加盟諸国に対して一律に適用される。しかし、ユーロ加盟各国の国内経済事情はさまざまである。このため、欧州中央銀行が決定した金利の水準は、例えばドイツやオランダにとっては低過ぎるが、イタリアやスペインにとっては高過ぎるといった不均等が発生するのである。特に、過度な高金利となった国々は、これによって不必要な不況を強いられる。そうした国々は、当然の帰結として、ユーロ・システムそのものに対して、いっそう強く不満を抱くようになるだろう。欧州中央銀行の金融政策が、EUを分解させるリスクを高めているのである。コストプッシュ・インフレ対策に必要なのは、金融政策よりもむしろ財政政策である。しかし、すでに述べたように、ユーロ加盟各国は、自国通貨を放棄してしまっているために、各国の財政政策の余地が厳しく制限されている[2]。

もちろん、EUが通貨統合のみならず、財政までをも統合すれば、財政政策の資金的な制約は解消されるだろう。EUが、ユーロを自国通貨とする一つの国民国家のようになればよいのである。しかし、そのためには、各国が財政主権を放棄しなければならない。それは、各国が、自国のナショナル・アイデンティティよりも、ヨーロッパとしてのアイデンティティを優先するということを意味する。しかしながら、各国のナショナリズムはなお健在で、これまでのところ財政統合は実現できていないし、できそうにもない。

しかも、二〇二〇年に新型コロナウイルスのパンデミックが勃発した際には、各国は、ヨーロッパ統合の理念をかなぐり捨てて、国境を封鎖し、自国民の衛生を優先して、医療資源を奪い合った。さらに、食料やエネルギーの供給も制約されれば、各国はナショナリズムを発揮して、食料やエネルギーの争奪戦を展開するであろう。ヨーロッパ各国のナショナリズムはかつてなく先鋭化しており、財政統合は、以前にも増して困難になっているということである。

もはやＥＵを分裂から救う手立てはないように思われる。

成長モデルの根本的な変更を余儀なくされている中国

おそらく、第二次グローバリゼーションの恩恵を最も享受したのは、中国であったろう。第一章において論じたように、アメリカは、リベラル覇権戦略の下、中国のＷＴＯ加盟を後押しし、グローバル市場に統合した。これによって、中国は、輸出主導により高度成長を実現し、世界第二位の経済大国へとのし上がった。

しかし、その第二次グローバリゼーションが終焉したとなれば、中国の成長モデルも根本的な変更を余儀なくされる。実際、第二次グローバリゼーションが終わる転機となった二〇〇八年の世界金融危機以降、中国経済は変調をきたすようになり、成長率は大きく低下した。

二〇〇八年以降、第二次グローバリゼーションはスローバリゼーションへと変化し、世界市場の成長が鈍化すると、中国は、輸出主導による成長モデルを追求することができなくなった。そうなると、内需主導型の成長モデルへと転換しなければならない。

内需主導型の成長モデルを実現するためには、家計の最終消費を拡大しなければならない。しかし、中国は、国内の貯蓄率が極めて高い。大国経済においてＧＤＰに占める貯蓄の比率はだいたい二五％程度であり、貯蓄率が高いとされるアジア諸国でも、中国以外は、三割程度であった。これに対して、中国のＧＤＰに占める貯蓄の比率は、過去二十年間の平均でおよそ四五%もあったのである。

しかし、中国のような特異な政治社会システムをもつ国にとって、消費の比率を高めることは、極めて困難であった。

家計消費の拡大に必要なのは、賃金所得の上昇である。また、所得格差の是正も、消費の拡大をもたらす。低所得者は消費性向がより高いので、低所得者層への所得分配は消費を拡大するのである。さらに、社会保障制度を充実させることも必要である。社会保障制度が不十分であれば、国民は貯蓄を増やすので、消費は拡大しないからである。

しかし、賃金の上昇や格差の是正は、一部の支配階級から一般国民へと富を移転することを意味する。それは、支配階級の特権を脅かし、その他の階級の地位を向上させる。そうなれば、国民は、さらなる社会的地位の向上を要求するようになる。それは民主化の運動を引き起こしかねない。

また、中国のように、国民に自由権も十分に与えていない権威主義国家が、社会権を認めて社会保障制度を整備するとは考え難い。少子高齢化が進む中で、社会保障制度が不十分であれば、貯蓄率はいっそう高まってしまうだろう。

このように、現行の共産党支配体制を維持しつつ、消費主導の成長モデルを実現するのは、政治的に非常に難しいのである。

こうしたことから、世界金融危機以降、内需を拡大しようとした中国は、消費主導ではなく、投資主導の成長モデルを志向せざるを得なかった。しかし、それが過剰投資を生み、不動産バブルを発生させてしまったのである。

中国の対GDP比国内債務比率は、二〇〇八年時点では一五〇％程度であったのが、その十年後には二五〇％を超えるまでに膨れ上がった。家計、地方政府、不動産業者、国営企業は、その所得以上に消費を拡大した。中国経済は、債務主導という、持続不可能な成長モデルになってしまったのである(3)。

中国の行き詰まりから東アジア全体で地政学的危機勃発か

中国は、これまでのところ、不動産バブルの崩壊が金融危機となるのを国家主導で防いではいる。しかし、新たな成長モデルに移行できているわけではない。しかも、ゼロコロナ政策の失敗が経済にさらなる打撃を与え、ウクライナ戦争を契機としたインフレにも襲われている。アメリカの利上げが通貨の暴落や資本の流出を誘発する恐れもある。グローバリゼーションが終わり、保護主義や経済安全保障の意識が高まっている中では、二〇〇八年以前のような輸出主導の成長モデルを復活させることもできない。

さらに、少子高齢化によって生産年齢人口が減少し、賃金上昇の圧力がかかり、中国の輸出競争力は低下せざるを得なくなっている。このため、生産性の向上が急務であるが、アメリカなど西側諸国が中国に対する輸出規制や技術管理を厳しくしており、かつてのように海外からの技術導入に依存することは困難になっている。

中国経済は、完全に行き詰まってしまったのである。

特に、過剰債務問題はデフレ圧力となり、中国経済を長期停滞に陥れるだろう。もっとも、巨大な経済大国である中国の長期停滞は、世界の需要を抑制するので、インフレを緩和する効果はある。しかし、そのようなメリットも、中国の社会的・政治的不安定化というデメリットに比べれば、とるに足らない。今後、中国経済が停滞する中で、コストプッシュ・インフレが労働者を困窮させ、格差を拡大させるならば、中国社会の不均衡は著しくなり、政治体制は一挙に不安定化することになろう。加えて、気候変動が二〇二二年の大干ばつのような異常気象をもたらし、食料不足などを引き起こせば、歴史上よく見られる古典的な反乱が二十一世紀にも起きることになろう。

しかも、不安定化が予想されるのは、中国国内の政治秩序だけではない。

一九七八年の鄧小平による「改革開放」以降、中国は、経済成長を共産党支配体制の正統性の根拠としてきた。しかし、習近平体制になり、経済成長が鈍化して以降、ナショナリズムを正統性の根拠とするようになっている。今後、経済がさらに停滞するならば、共産党政権は、いっそうナショナリズムに強く訴えていくことになる可能性がある。そうなれば、中国の対外政策は、より攻撃的になるだろう。とりわけ、台湾併合は、中国のナショナリズムの象徴となる。今後、中国は、その成長に限界が見えるならば、限界が来る前に悲願の台湾併合に乗り出そうとするかもしれない。中国経済の停滞が、台湾有事の勃発を促すのである。

また、今後、食料、エネルギー、水などの資源が稀少化し、半導体や医薬品などの先端技術の供給が安全保障上の理由で制約されるならば、中国は、自国の生存が脅かされたと感じて、帝国主義的な海外進出やブロック経済圏の形成へと向かおうとする恐れもある。

さらに、次のような事態も考えられる。中国は、デフレを回避し、失業率を下げるためには、政府が需要を創出しなければならない。しかし、すでに述べたように、経済構造上、国内の消費も民間投資も増やすことは難しい。かといって、輸出に頼ることもできない。そこで、政府は、軍事需要を拡大することで、雇用を生み出そうとする可能性がある。いわゆる「軍事ケインズ主義」である。つまり、中国は、成長が鈍化したにもかかわらず、いや、鈍化したからこそ、軍拡を推し進める可能性があるのだ。中国のさらなる軍拡は、東アジア秩序をいっそう不安定なものにするであろう。

以上のような理由により、東アジアにおいて巨大な地政学的危機が勃発する危険性はかつてない水準に達しており、しかも日を追って高まっていると言わざるを得ない。

日本は最優先で何に取り組むべきか

こうした状況下にあって、日本は何をなすべきか。

まず最優先に取り組むべきは、安全保障の抜本的な強化であることは言うまでもない。グローバリゼーションによる平和の幻想が破れ、安全保障をアメリカの覇権に依存できなくなったことが明らかとなった以上、防衛力の強化は当然であろう。

すでに日本政府は、遅ればせながらとは言え、二〇二二年の「経済財政運営と改革の基本方針」に「防衛力を五年以内に抜本的に強化する」と明記した。NATOが加盟国に求めている水準を参考にして、防衛費をGDP比二％以上とする目標を念頭に置いていると言われている。

もっとも、NATOのような集団安全保障の体制にない中で、中国との軍事力との比較において、対GDP比の二％程度の防衛費で十分なのか否かは、精査の必要があろう。

しかも、今日、国家の安全保障は軍事に限られない。実際、ロシアは石油・天然ガスや食料の供給の制限を「武器」として使用しており、ウクライナ戦争勃発後、世界的に資源・エネルギーと食料の価格が高騰し、各国の経済に大きな打撃を与えている。

特に、資源・エネルギーに関して言えば、供給源の多様化と省資源・省エネルギーという、一九七〇年代の石油危機以来の古典的な手法を現代化し、加速する必要がある。

エネルギー安全保障の文脈においては、原子力がとりわけ重要性を増す。原子力は、燃料となるウランが安価で供給国が多様である上、一度輸入すれば、長期間使用可能であるからだ。

加えて、資源・エネルギーや食料に限らず、半導体、人工知能、量子コンピュータなどの先端技術、さらには医薬品・医療機器その他の生活必需品に至るまで、その安定供給を確保しなければならなくなっている。グローバリゼーションの下で、効率性と利益だけを求めて世界中に展開されたサプライチェーンを、安全保障の観点から再構成しなければならないのだ。アメリカのジャネット・イエレン財務長官の言う「フレンドショアリング」[4]（生産拠点を友好国へと移転させること）は、その一環である。さらに、安全保障を目的としたサプライチェーンの再編には、効率性よりも安定供給、経済的利益よりも安全保障を優先して、生産拠点や流通経路を再配置するだけではなく、サプライチェーンを短く簡素にすることや、不測の事態に備えて敢えて冗長にすること（在庫や代替となる生産拠点や流通経路の確保）も含まれる。

安全保障を強化し、内需を拡大させる産業政策を

　ただし、いずれの安全保障も容易には達成できない難題である。食料一つとっても、例えばイギリスは自給率を四割から七割以上にするまでに約三十年を費やしている。安全保障には、数十年単位の期間と巨額の投資を必要とするのだ。そのような大規模、長期的、計画的な投資ができるのは、政府しかない。安全保障の範囲が経済全般にまで広がっているのであるならば、政府の役割はなおさら大きくなる。

　しかも、政府は、単に公共投資を増やすというだけではなく、安全保障上の重要産業や重要技術に重点的な投資を行う産業政策を実行しなければならない。そのため、政府には、重要産業や重要技術を見極め、その保護や育成を効果的に実行するという高度な能力が求められるのである。

　ただし、政府にこのように大きな財政支出の裁量を与えると、政府と政治家や民間企業との癒着、不正、利益誘導といった弊害が大きくなるというリスクがある。したがって、財政支出の透明性や説明責任を担保する制度的な仕組みを設け、監視を強めることも必要となろう。その意味でも、効果的な産業政策には、政府の高い能力が不可欠となるのである。

　なお、この場合の産業政策は、従来のような国際競争力の強化という目的で行われるものではない。グローバリゼーションが終焉した世界における産業政策は、あくまでも、安全保障という戦略目的を達成するために行われるものである。もちろん、その戦略目的には、安全保障のほかにも、地球温暖化対策、防災対策、地域間格差の是正といった目的を含めてもよい。マリアナ・マッツカートが提唱する「ミッション志向」の産業政策である。[5]

また、グローバリゼーションが終わった世界では、国内投資が旺盛で、国民の購買力が高い内需主導型の国が優位に立つであろう。政府が、公共投資や減税などの財政政策によって、内需を拡大しなければならないのだ。その意味でも、「大きな政府」は不可欠となろう。

このように言うと、「だからといって、鎖国するわけにはいかない」などというお決まりの批判がくるが、極論をもち出して思考停止を正当化するのは、いい加減やめた方がいい。鎖国ではなく、可能な限り内需を拡大するしかないと言っているのだ。「人口減少下の日本では、内需には期待できない」という俗説も根強くあるが、一人当たりの購買力を増やすことで内需拡大は可能である。あるいは人口を増やす政策をとればよい。それも不可能？　ならば結論は簡単だ。日本は敗者となるしかないというだけの話である。内需には期待できないと言ったところで、グローバリゼーションが終わった以上、外需にはもっと期待できないのだ。そういう過酷な現実から目を逸らし、いつまでもリベラリズムの夢を語り続けていても、事態はいっそう手遅れになるばかりである。二〇一〇年代がそうだったことは、第一章で確認したであろう。

国内秩序を維持するための「大きな政府」

　また、コストプッシュ・インフレは、経済活動に悪影響を及ぼすというだけではなく、所得の低い社会的弱者により大きな打撃を与え、格差を拡大し、社会を著しく不安定化させる。社会の不安定化を放置すれば、国家は、外敵からの攻撃を受けずとも、内から崩壊してしまうのだ。したがって、国内秩序を維持するためにも、コストプッシュ・インフレの原因である供給制約を緩和する必要がある。供給制約の緩和には、エネルギーや食料などの稀少資源の低廉安定供給を確保するというだけではなく、省資源・省エネルギーも含まれるが、省資源・省エネルギーとは、より一般的に言えば、企業経営や産業構造の合理化・効率化を意味する。しかも、天然資源やエネルギーのみならず、労働力という資源も稀少化してくるのであれば、企業経営や産業構造の合理化・効率化は、なおさら要請されるだろう。

　もちろん、企業は、市場の価格メカニズムを通じて、ある程度は自発的に合理化・効率化を進めるであろう。しかしながら、企業による自発的な合理化を進めるためには、金融化によって株主重視へと改造されてしまった企業統治を是正し、長期的な視点からの投資を可能にすることが前提となる。短期的利益の最大化を要求する投資家からの圧力を弱めるため、例えば、ストック・オプションや自社株買いを制限すべきであるし、金融所得課税などを強化して、金融化の流れを反転させるべきであろう。

　とは言え、そうしてもなお、地政学的リスクをはじめとする不確実性が著しく高まった世界においては、一民間企業が、長期的な視野に立って合理化・効率化のための設備投資や技術開発を行うことは、極めて困難になる。そこで、大規模、長期的、計画的な産業政策が必要になるのである。

もっとも、産業政策が供給制約の緩和の効果を発揮するまでには長い時間を要する。したがって、より即効性のある対策によって、社会的弱者を救済し、格差の拡大を防いで、社会を安定化させなければならない。そのためには、所得税の累進性を高めるという一般的な格差是正策に加えて、コストプッシュ・インフレによって、より多くの打撃を受ける社会的弱者あるいは産業に対する財政的な支援を行う必要がある。食料・肥料やエネルギーに対する価格補助は、その一例であり、すでに二〇二二年のコストプッシュ・インフレの局面において実施されている。

加えて必要なのは、消費税の廃止である。前章において明らかにしたように、そもそも課税は財源確保のために必要なものではなく、消費税は、所得に占める消費支出の割合が高い低所得者に不利な、逆進性のある税制である。コストプッシュ・インフレで生活必需品の価格を下げる必要がある時には、消費税はなおさら有害な税制である。

以上のような政策――軍事、食料、エネルギーさらには経済全般に及ぶ安全保障の抜本的な強化、サプライチェーンの再構築、ミッションの志向の産業政策、内需の拡大、格差の是正と社会的弱者の保護――は、言うまでもなく、巨額の財政支出を要請する。政府支出がGDPの半分を超えるような「大きな政府」が必要になるのである。

その「大きな政府」をファイナンスするための財源であるが、前章で述べた通り、資金は信用創造によって原理的には無制限に供給できるのであり、そして、日本やアメリカあるいはイギリスのように、変動相場制の下で自国通貨を発行する政府が債務不履行に陥ることはあり得ない。我が国は、実物資源の供給には制約されているが、資金の供給には制約されていない。したがって、実物資源の供給の限界まで、政府支出を大きくできるし、すべきなのである。

また、金融政策に関しては、低金利を維持すべきであって、コストプッシュ・インフレに対して利上げをもって応じるような過ちを犯してはならない。この点に関して、二〇二二年のインフレに対して、金融緩和政策の維持を決定した日銀の判断は正しい。しかしながら、欧米が誤った判断とは言え、利上げを行った結果、日本は通貨安に見舞われた。自国通貨安は、安全保障の観点から製造拠点を国内に回帰させるという意味では有利に働くというメリットはあるものの、国民生活は、輸入財のインフレに苦しむことになる。円安の是正には利上げが必要である。しかし、利上げをするには、デマンドプル・インフレの恐れがあることが前提となる。したがって、利上げによって通貨安を是正したければ、積極財政によってデマンドプル・インフレを引き起こしかねないほどに需要を拡大することが必要である。

もっとも、アメリカの利上げが深刻な景気後退とインフレの鎮静化をもたらせば、その段階で、アメリカは再び金融緩和に転じ、通貨安も収まるであろう。しかし、もし通貨安が止まらないような事態に陥る恐れがあるというならば、資本移動の管理を強化すべきであろう。主流派経済学者は、資本移動の規制を忌み嫌う。しかし、ダニ・ロドリックやエレーナ・レイが論じるように、自由な資本移動は金融市場を不安定化させはするが、経済成長に貢献するとは言えないのである。(6)

特定の財に限定した「戦略的価格統制」の有効性

必要なのは資本移動の規制だけではない。価格統制の導入すらも視野に入れなければならない。

高インフレが問題となっていた二〇二一年十二月、マサチューセッツ大学アマースト校のイザベラ・ウェーバー准教授は、英ガーディアン紙に寄稿(7)して、インフレの原因となっている特定の財に限定して価格を統制する「戦略的価格統制」の導入を提唱した。

この戦略的価格統制については、ジェームス・ガルブレイスのようなポスト・ケインズ派の経済学者は支持したものの(8)、主流派の経済学者たちはこぞって反発した。(9)ウェーバーやガルブレイスは、全般的な価格統制ではなく、特定の財に対象を絞った限定的な価格統制を唱えているに過ぎないのだが、それでも、主流派経済学者たちの価格統制に対するアレルギーは強い。

かつてジョン・K・ガルブレイス（ジェームス・ガルブレイスの父）は、『価格統制の理論』[10]を著し、売り手と買い手が限定的である不完全市場や独占市場では、価格統制が有効に機能し得ると論じた。独占企業は、自社の製品の価格決定を市場メカニズムに委ねておらず、自らコントロールできる。したがって、独占企業に代わって政府が価格をコントロールすることは可能なのである。しかも、主流派経済学ですら、市場の価格調整メカニズムが有効に機能するのは、完全市場の場合だとしている。不完全市場に限定した戦略的価格統制をタブー視する理由は、本来であればないはずである。

アメリカは、二度の世界大戦中や朝鮮戦争時に価格統制を実施した。特に第二次世界大戦中は、広範な価格統制を行い、インフレの抑制にかなり成功したが、終戦後、価格統制が廃止されると、高インフレに見舞われた。第二次世界大戦中の戦時価格統制に従事したガルブレイスは、その経験を踏まえて、価格統制を理論化したのである。

戦時中は、価格統制を正当化しやすい。価格統制は、価格に影響を与えて資源を一定方向へと動員する政策だから、総力戦の一手法として用いられるのである。しかし、戦争が終わった直後もまた、平和に戻ったことによる需要の急回復や、戦争によって生産能力が破壊されたことによる供給不足によって、高インフレになることが多い。それゆえ、第二次世界大戦の終結後、サミュエルソンやフィッシャー、ナイト、クズネッツ、スウィージー、ミッチェルなど、経済学説史上に名を残したような一流の経済学者たちが、戦後も価格統制を継続すべしという要望をニューヨーク・タイムズ紙[11]で表明していた。

なお、リチャード・ニクソン政権の下でも価格統制が行われたが、それが廃止されるとインフレが深刻化したというアラン・ブラインダーらの指摘については、第二章で触れた通りである。日本においても、第一次石油危機時には、国民生活安定緊急措置法が制定され、灯油やLPガスに対する価格統制が実施された。なお、二〇二〇年のコロナ禍では、この国民生活安定緊急措置法に基づき、マスク及びアルコール消毒製品の購入価格を超える価格での転売が規制された。

主流派経済学者が忌み嫌う価格統制であるが、歴史上の事例は、その有効性を必ずしも否定してはいないのである[12]。

世界秩序の危機は長期化し、戦時経済体制も長期化

二〇二一年のインフレは、第三章で見たように、パンデミックの収束による需要の急回復やサプライチェーンのボトルネックが主な原因であることから、終戦直後のインフレと性格が近い。さらに、二〇二二年のインフレは、ロシアのウクライナ侵攻という戦争を直接の原因とし、

供給制約に起因するコストプッシュ・インフレである。したがって、戦略的価格統制がインフレ対策の選択肢として浮上するのは、何らおかしいことではない。

しかも、戦略的価格統制は、平時でもさまざまな形ですでに実施されている。

例えば、電力価格や薬価には規制がある。独占禁止法も、価格統制の一種だろう。賃金に対しては、最低賃金という価格の下限規制がある。またアメリカのいくつかの州は家賃の上限を規制している。このように、新自由主義というイデオロギーのバイアスを外して、現実の経済を見れば、多くの先進国で戦略的価格統制はすでに導入され、しかも有効に機能している。国民を高インフレから守り、社会の秩序と安寧を守るために、価格統制を躊躇する理由はないのである。

大規模な積極財政による資源動員、産業政策による資源配分、資本規制、価格統制。これでは、まるで戦時経済体制ではないか！　そう思われたかもしれない。

まさに、その通りである。これらは、いずれも、戦時経済体制において典型的な政策手法にほかならない。

だが、第三章で見たように、インフレ、とりわけコストプッシュ・インフレの発生は、そのほとんどが戦争と深く関係している。二〇二〇年代のインフレもまた、ウクライナ戦争にその典型を見るように、アメリカのリベラル覇権の失効による世界秩序の危機を反映している。

端的に言えば、現在は、ある種の戦時中なのだ！　そうであるならば、戦時経済体制が必要になって当然ではないか。しかも、この世界秩序の危機は長期化するものと思われる。ならば、それに伴って、戦時経済体制も長期化を余儀なくされるはずである。

「恒久戦時経済」構築以外に生き残る道はない

よって、結論する。

恒久戦時経済、これこそが二十一世紀の日本経済のあるべき姿である。

この「恒久戦時経済（the Permanent War Economy）」という用語を最初に使ったのは、おそらくエドワード・サードであろう。一九四四年、サードは、ウォルター・J・オークスのペンネームで「ポリティクス」誌に「恒久戦時経済に向けて？」という論文を寄稿した。そこで彼は、近未来における第三次世界大戦の勃発を予見しつつ、資本主義が雇用を望ましい水準に維持するには軍事支出による需要創出が不可欠だという、マルクス主義と軍事ケインズ主義を組み合わせたような議論を展開したのである[13]。

もっとも、本書が使用する「恒久戦時経済」という用語の意味は、サードの理解によるものではない。確かに、資本主義は望ましい雇用水準を維持するために政府による需要の創出を必要とする。しかし、その需要は軍事目的に限らない。今日の政府は、全般的危機に対処するため、財政支出を通じてではあるが、まるで戦時下のように実物資源を動員しなければならなくなっている。そういう意味において「恒久戦時経済」なのである。

例えば、現代貨幣理論の代表的論者であるステファニー・ケルトンは、『財政赤字の神話』の中で、気候変動という人類の存亡にかかわる危機に対処するためには、かつてジョン・F・ケネディ大統領が月探査計画を実現するために行ったように、大規模な投資によって実物資源を動員する必要があると論じた。

そして、こう続けている。

目の前に迫った未来を、生存をかけた闘いととらえるのは決して大げさではない。その意味で比較対象になるのは第二次世界大戦だ。ケインズは名著『戦費と国民経済』で、その後のケネディに通じる洞察をしている。資金を手当てするのは容易だ。本当の困難は、労働力、設備、技術、天然資源など入手可能な資源を管理し、インフレの加速を防ぐことだ、と。ケネディが間違ったレンズ［（筆者注）経済理論のこと］を使っていたら、アメリカは月に到達できていなかったかもしれない。ケインズが間違ったレンズを使っていたら、イギリスの戦争への関与は不十分かつ遅きに失したかもしれない。私たちの世代が今後も間違ったレンズを使い続けたら、人類史上最悪の社会的、生態学的危機を回避するのに十分な規模と速度で正しい投資を行うことはできないだろう。幸い、すでにMMTという正しいレンズは存在する。[14]

要するに、ケルトンは、かつて戦争遂行のために実物資源の動員を行ったような経済政策を、気候変動対策のために用いるべきだと主張しているのである。もちろん、左派で知られるケルトンが軍国主義に好意的であるはずもないのだが、にもかかわらず、マシュー・クレインが『財政赤字の神話』を「恒久戦時経済学[15] (Permanent Wartime Economics)」と評したのは、言い得て妙である。

しかも、インフレの第五波によって、世界の政治経済秩序が著しく不安定化し、エネルギー、食料、水、重要技術さらには労働力までもが稀少化している。「目の前に迫った未来を、生存をかけた闘いととらえるのは決して大げさではない」のは、もはや気候変動に関してだけではない。政府は、直接的に戦争に巻き込まれていなくとも、戦時経済のような規模及び深度で国民経済を管理しなければ、すなわち「恒久戦時経済」でなければ、自国民の生存を確保できなくなっているのだ。

しかしながら、恒久戦時経済を構築すべしなどという暗い結論は、多くの人にとっては、到底、受け入れられるものではないであろう。もちろん、恒久戦時経済など構築しなくても、安全と繁栄が約束されるのであれば、それに越したことはない。しかし、これまでの議論が、我々が生きている世界の現実を正しく分析していたとしたら、残念ながら、恒久戦時経済を構築する以外に、我が国が生き残る道はないのではないか。もっとリベラルな未来の可能性を探りたいという気持ちは分からないでもないが、そんな悠長な議論をしているうちに手遅れにならないかが心配なのだ。

本書の分析と結論が悲観的過ぎると思うのであれば、今から十年ほど前の総理大臣がどれほど楽観的で、どれほど的外れな見通しを披露していたのかを再度確認するとよい。彼は、『TPPがアジア・太平洋の世紀の幕開けとなった』。後世の歴史家はそう評価するに違いありません。アジア太平洋の世紀。その中心に日本は存在しなければなりません。TPPへの交渉参加はまさに国家百年の計であると私は信じます」と断言したり、「もはや国境や国籍にこだわる時代は過ぎ去りました」と宣言したりしていたのだ。しかし、当時は多くの国民が、多かれ少なかれ、このような認識を共有していたであろう。グローバリゼーションやアメリカの覇権が終わりを迎えつつあったことに気付き、警鐘を鳴らした者は（筆者を含め）ごく少数だった。そして、我が国が、その楽観的な見通しに基づき、軍事、食料、エネルギーの安全保障に関する備えを強めるどころか、弱めてきたことは、第一章で明らかにした通りである。

しかし、それからわずか十年後の現在、世界は、ここまで危機的な状況に陥っているのである。人間の予測能力とは、なんと貧弱なものであろうか。

そう考えると、本書が示した世界の見通しが悲観に過ぎるとは言えないのではないだろうか。いや、本書の見通しすら甘いのかもしれない。例えば、今後、核兵器が使用される可能性は十分にあるにもかかわらず、本書の分析はそれを考慮に入れてはいないのである。

では、我が国は、ここで提唱されるような恒久戦時経済の構築へと転換できるのであろうか。率直に言って、そのような見込みは低いであろう。というのも、世界情勢が大きく転換しつつあった二〇一〇年代をあれほど無為に過ごしてきた国家が、突然、泰平の眠りから覚め、これまでとはまったく異なる行動をとるようになるとも考えにくいからである。

恒久戦時経済の構築にあたって、とりわけネックとなるのが、財政支出の問題である。日本政府や主流派経済学者たちは、今もなお、日本は財政危機ではないこと、とりわけ増税によって財源を確保する必要はないことをまったく理解しようとはしない。あのEUですら、コロナ禍やウクライナ戦争といった緊急事態に際しては、安定・成長協定の財政規律条項を停止したというのに、日本は、閣議決定によるプライマリー・バランス黒字化目標を凍結することすらしなかった。しかし、無用な財政規律に固執したままでは、恒久戦時経済はおろか、最低限の国防すら不可能だ。実物資源の供給制約が問題となっている時に、ありもしない資金供給の制約を心配しているようでは、話にもならない。

もっとも、積極的に進めなくとも、ある程度は、恒久戦時経済の方へと向かうとは思われる。過酷な現実が、それを強いるだろうからである。すでに、恒久戦時経済への歩みは始まっている。例えば、すでに、GDP比二％の目標を念頭に置いた防衛費の増額についての検討が始まっており、そのことだけでも隔世の感がある。

しかし、財務省、健全財政論者の政治家あるいは主流派経済学者たちは、防衛費の増加にあたって、財源の確保の必要性を唱え、増税の可能性にすら言及している。安全保障上の危機がここまで差し迫っているというのに、ありもしない財政危機の方をより恐れているような連中が、一国の財政政策を左右しているという現実には、絶望を禁じ得ない。

このような現状にある我が国ではあるが、今後、世界の劇的な変化に気付いて、恒久戦時経済体制の構築へと向かうのだろうか。それとも、アメリカの覇権に庇護されながらアジア太平洋の世紀の中心に存在するなどという十年前の夢想を続けるのだろうか。あるいは、中国の東アジアにおける覇権に屈し、その下で生き残る道をむなしく探ろうとするのだろうか。

私には分からない。ただ、もし恒久戦時経済の構築に失敗したならば、我が国には悲惨な末路が待っているだろうと確信するだけである。

おわりに――悲観的積極主義

二〇二〇年代に発生したインフレという現象を通じて見えてきたのは、既存の世界秩序が崩壊していく過程であった。この崩壊の過程は、この先もっと激しいものとなるであろうと本書は予想した。そして、新しい時代に求められる経済の姿は、恒久戦時経済であると結論した。我々は、「新しい時代」を想像する時、無意識のうちに、それが今よりも明るいもの、進歩したものであるという期待を抱きがちである。残念ながら、本書は、そのような期待を見事に裏切るものとなった。

しかし、考えてもらいたい。

時代が変わることで、世界がより進歩的で明るいものへと生まれ変わるという保証など、一切ないのである。それは、歴史を振り返ってみれば、一目瞭然であろう。時代が変化した結果、戦争に巻き込まれた国、衰退した国、さらには滅亡した国など、枚挙にいとまがないではないか。したがって、我々が生きている時代や国が、そういう危機へと転落する過程にあったのだとしても、何ら不思議なことではない。事実、我が国はこの三十年間、衰退してきたではないか。

とは言うものの、本書に対しては、次のような批判、というか不満が向けられるかもしれない。

このように悲観的な予想ばかり示されては、憂鬱になるばかりで、より良い世界を目指そうという積極的な行動にはつながらない。もっと明るいヴィジョンを示し、建設的な具体策や処方箋を提案すべきである。そうでなければ意味がないではないか、と。

こういう意見はよくありがちだが、しかし間違っている。何が間違っているのかと言えば、悲観は積極的な行動を妨げるという考え方である。

人間は、将来を楽観できる時にのみ、積極的に行動するというわけではない。将来に危機が待ち受けているという悲観的な予想をした場合であっても、その危機を可能な限り克服すべく、積極的に動くことはあり得るであろう。

逆に、安寧な将来を楽観している者の方が、惰眠をむさぼって動こうとはしないということはよくあるだろう。あるいは、厳しい現実から目を背けるために、敢えて楽観的な期待に安住し、危険を伴う行動を回避しようとする心理もありがちである。

このような場合には、楽観的な未来予想は、かえって積極的な行動の妨げとなる。そして、それが事態の深刻化を招き、ついには行動自体が不可能になるのである。

実際、第一章で明らかにしたように、二〇一〇年代の日本は、グローバリゼーションがもたらす未来を楽観するばかりで、眼前に迫っていた危機を見逃し、放置してきた。その結果、例えば、中国の軍事的脅威は、もはや取り返しのつかない水準にまで増大してしまったのである。

このことからも分かるように、明るい将来ヴィジョンなどというものは、危機の時代にあっては、麻薬と同じようなもので、有害でしかない。

これからの我々に必要なのは、非現実的な将来ヴィジョンを夢想して、そこに逃げ込むことではない。厳しい現実を直視し、その上で、危機に立ち向かうべく、断固として行動することである。未来を悲観しつつも果敢に行動する「悲観的積極主義」こそが、危機の時代の指針となる政治哲学なのだ。

次の一節は、『西洋の没落』で知られるドイツの哲学者オズヴァルト・シュペングラーの言葉である。ここに、悲観的積極主義の見事な表現がある。これを引用して、本書の締めくくりとしたい。

> われわれは、この時代に生まれたのであり、そしてわれわれに定められているこの終局への道を勇敢に歩まなければならない。これ以外に道はない。希望がなくても、救いがなくても、絶望的な持ち場で頑張り通すのが義務なのだ。ポンペイの城門の前でその遺骸が

発見された、あのローマ兵士のように頑張り通すことこそが。――彼が死んだのは、ヴェスビオ火山の噴火のときに、人びとが彼の見張りを交代させてやるのを忘れていたためであった。これが偉大さであり、これが血すじのよさというものである。この誠実な最期は、人間から取り上げることのでき〈ない〉、ただひとつのものである。[1]

注

はじめに

(1)コナン・ドイル『緋色の研究』新潮文庫、一九九五年、二八頁

第一章　グローバリゼーションの終焉

(1)〈ウクライナ戦争でグローバル化は「終焉」米資産運用ブラックロック〉CNN、二〇二二年三月二十五日、https://www.cnn.co.jp/business/35185396.html

(2)'Speech by Commissioner Gentiloni at the Peterson Institute for International Economics: Transatlantic economic policy in times of war', April 21, 2022, European Commission, https://ec.europa.eu/commission/presscorner/detail/en/SPEECH_22_2556

(3)Paul Krugman,'Will Putin Kill the Global Economy?', The New York Times, March 31, 2022, https://www.nytimes.com/2022/03/31/opinion/putin-global-economy.html

(4)Robert Kuttner, 'After Hyper-Globalization', The American Prospect, May 31, 2022, https://prospect.org/economy/after-hyper-globalization/

(5)Adam S. Posen, 'The End of Globalization?', Foreign Affairs, March 17, 2022, https://www.foreignaffairs.com/articles/world/2022-03-17/end-globalization

(6)'Globalization over 5 centuries', Our World in Data, https://ourworldindata.org/grapher/globalization-over-5-centuries

(7) Douglas A. Irwin, ‘The pandemic adds momentum to the deglobalization trend’, Peterson Institute for International Economics, April 23, 2020, https://www.piie.com/blogs/realtime-economic-issues-watch/pandemic-adds-momentum-deglobalization-trend

(8) Christopher Layne, ‘Kant or Cant: The Myth of the Democratic Peace’, *International Security*, 19(2), 1994, pp.5-49.

(9) Jack Snyder, *From Voting to Violence: Democratization and Nationalist Conflict*, W.W.Norton & Company, 2000; Barbara F. Walter, *How Civil Wars Start*: *And How to Stop Them, Viking*, 2022.

(10) Peter Liberman, ‘Trading with the Enemy: Security and Relative Economic Gains’, *International Security*, 21(1), 1996, pp.147-175.

(11) John J. Mearsheimer, *The Tragedy of Great Power Politics, updated edition*, W.W.Norton & Company, 2014.

(12) John Mearsheimer, ‘The Rise of China Will Not Be Peaceful at All’ The Australian, November 18, 2005, https://www.mearsheimer.com/wp-content/uploads/2019/06/The-Australian-November-18-2005.pdf

(13) Toshi Yoshihara and James R. Holmes, *Red Star Over The Pacific: China’s Rise and the Challenge to U.S. Maritime Strategy*, Naval Institute press, 2010.

(14) Aaron L. Friedberg, *A Contest for Supremacy: China, America, and the Struggle for Mastery in Asia*, W.W.Norton & Company, 2011.

(15) ‘National Security Strategy’ February 2015, https://obamawhitehouse.archives.gov/sites/default/files/docs/2015_national_security_strategy_2.pdf

(16) Hugh White, *The China Choice: Why America Should Share Power*, Black Inc., 2012.

(17) National Defense Strategy Commission, 'Providing for the Common Defense', United States Institute of Peace, November 13, 2018, https://www.usip.org/publications/2018/11/providing-common-defense

(18) United States Department of Defense, 'Agency Financial Report', Fiscal Year 2020, https://comptroller.defense.gov/Portals/45/Documents/afr/fy2020/1-Foreword_About_the_DoD_Agency_Financial_Report_and_Table_of_Contents.pdf

(19)〈「中国、6年以内に台湾侵攻の恐れ」米インド太平洋軍司令官〉AFPBB News、二〇二三年三月十日、https://www.afpbb.com/articles/-/3335866

(20)〈中国の台湾侵攻「多くの人が理解しているより切迫」米軍司令官〉AFPBB News、二〇二三年三月二十四日、https://www.afpbb.com/articles/-/3338402

(21) Tony Capaccio, 'What-If DC War Game Maps Huge Toll of a Future US-China War Over Taiwan', Bloomberg Asia Edition, August 9, 2022, https://www.bloomberg.com/news/articles/2022-08-09/what-if-war-game-for-a-us-china-conflict-sees-a-heavy-toll

(22) Mark Hannah and Caroline Gray, 'Indispensable No More?: How the American Public Sees U.S. Foreign Policy', *Eurasia Group Foundation*, November, 2019.

(23) アメリカのリベラル覇権戦略の失敗や中国の台頭について、筆者は二〇一四年の『世界を戦争に導くグローバリズム』（集英社新書）で論じた上で、こう書いている。「いずれにせよ、本書の分析が正しければ、日本は、中国が東シナ海において仕掛ける覇権戦争に巻き込まれる可能性が高いと結論せざるを得ない。そして、その戦争を回避するために日本に残された道は、中国が侵略を断念するに十分な自主防衛の能力を準備するか、あるいは、中国を覇権国家とする東アジア秩序の中で従属的な地位に甘んじるか、のいずれかである」（同書二四二頁）

(24)緊急提言委員会「イラク問題について米国の立場と行動を支持する」日本国際フォーラム、https://www.jfir.or.jp/2003/02/20/7448/〈イラク戦争　世界が失うもの――京都大学大学院・中西寛教授に聞く〉毎日新聞夕刊、二〇〇三年四月一日

(25)David H. Autor, David Dorn, and Gordon H. Hanson, 'The China Shock: Learning from labor-market adjustment to large changes in trade', *Annual Review of Economics*, 8, 2016, pp.205-240.

(26)Laura Silver, Kat Devlin and Christine Huang, 'Americans Fault China for Its Role in the Spread of COVID-19' Pew Research Center, July 30, 2020,https://www.pewresearch.org/global/2020/07/30/americans-fault-china-for-its-role-in-the-spread-of-covid-19/

(27)Toshi Yoshihara, *Dragon against the Sun: Chinese views of Japanese Seapower*, Center for Strategic and Budgetary Assessments, May 19, 2020, https://csbaonline.org/research/publications/dragon-against-the-sun-chinese-views-of-japanese-seapower

(28)この点に関して、筆者は『目からウロコが落ちる奇跡の経済教室【基礎知識編】』（KKベストセラーズ）をはじめとする複数の著作で繰り返し主張してきた。すでに二〇一一年の『TPP亡国論』（集英社新書）においても、日本の財政破綻はあり得ないと論じている（同書一六〇頁）。当時、日本政府のGDP比債務残高は二〇〇％を超えていた。それから十年間、GDP比債務残高は上昇を続け、特に二〇二〇年や二一年はコロナ対策もあって財政赤字が大幅に拡大し、GDP比債務残高はついに二五〇％を超えた。しかし、今もなお、日本政府の財政は破綻していない。

(29)筆者は、二〇〇二年十一月に、アメリカによるイラク攻撃に反対し、こう書いている。「しかし、「レジーム・チェンジ」などという米国（及び日本）の目論見は、必ずや挫折するものと思われる。まず、仮にフセイン体制を打倒したとしても、米国にはより安定的なレジームを打ち立てる能力などありはしない。一国中心主義のブッシュ政権に力量がないというだけではない。そもそも米国が掲げている単純な自由主義や民主主義の理念や制度では、イラクその他に秩序をもたらすこと

など不可能なのである」「つまりブッシュの覇権戦略は、傲慢であるとか一国中心主義的であるだけでなく、自己破壊的で愚劣な戦略だということである」『反官反民――中野剛志評論集』幻戯書房、二〇一二年、一八一－一九頁

(30) Jennifer Harris and Jake Sullivan, 'America Needs a New Economic Philosophy. Foreign Policy Experts Can Help.', Foreign Policy, February 7, 2020, https://foreignpolicy.com/2020/02/07/america-needs-a-new-economic-philosophy-foreign-policy-experts-can-help/

(31) 'MAKING U.S. FOREIGN POLICY WORK BETTER FOR THE MIDDLE CLASS', Carnegie Endowment for International Peace, 2020, https://carnegieendowment.org/files/USFP_FinalReport_final1.pdf

(32) TPPが安全保障と無関係であること、そして食料安全保障の観点からTPPに参加すべきではないこと、自由貿易一般さらにはグローバリゼーションが国民に不利益をもたらすことについて、筆者は二〇一一年の『TPP亡国論』（集英社新書）で明らかにしている。

(33)『海外電気事業統計2010年版』海外電力調査会、七七・一八七・二九五頁

(34)『諸外国における電力自由化等による電気料金への影響調査　調査報告書　平成24年度電源立地推進調整等事業』日本エネルギー経済研究所、二〇一三年

(35) 発送電分離がエネルギー安全保障を損なうという議論や、原子力発電の安全保障上の必要性について、筆者は二〇一三年の『日本防衛論――グローバル・リスクと国民の選択』（角川SSC新書）第三章で展開している。

(36) 竹内純子「プリンシプルのない日本の電力システム改革――電力安定供給と自由化を考える」三田評論、二〇二一年五月十九日、https://www.mita-hyoron.keio.ac.jp/speaking-hall/202105-1_2.html

(37)〈正念場の国際協調体制　「ブロック経済」再来に懸念〉時事ドットコムニュース、二〇二二年四月二十七日、https://www.jiji.com/jc/article?k=2022042600789&g=int

(38)Jennifer Lind, 'Life in China's Asia: What Regional Hegemony Would Look Like', *Foreign Affairs*, March/April, 2018.

第二章　二つのインフレーション

(1)小竹洋之〈「根拠なき高圧」政策　米国を縛ったリーマン危機の経験〉日本経済新聞、二〇二一年十二月十二日、https://www.nikkei.com/article/DGXZQODK08DYL0Y1A201C2000000/

(2)Paul Krugman 'The Year of Inflation Infamy', The New York Times, December 16, 2021, https://www.nytimes.com/2021/12/16/opinion/inflation-economy-2021.html

(3)リッチ・ミラー〈サマーズ氏、インフレリスクは70年代以降で最も大きい――制御失う恐れ〉ブルームバーグ、二〇二一年十月十四日、https://www.bloomberg.co.jp/news/articles/2021-10-14/R0XS34DWRGG301

(4)モリー・スミス〈米インフレ、来年後半に落ち着く見通し――イエレン財務長官〉ブルームバーグ、二〇二一年十一月二十三日、https://www.bloomberg.co.jp/news/articles/2021-11-23/R30H4CT1UM0W01

(5)クリストファー・コンドン〈イエレン長官、インフレ高止まりを警告――「一過性」は誤りだと再認識〉ブルームバーグ、二〇二二年六月八日、https://www.bloomberg.co.jp/news/articles/2022-06-07/RD4AMFDWLU6801

(6)詳しくは、中野剛志『変異する資本主義』(ダイヤモンド社)を参照のこと。

(7)第四章において、筆者は内生的貨幣供給理論を支持する立場を表明する。これについて、総需要/総供給分析は外生的貨幣供給理論を前提としたものであるという批判があるかもしれない。しかし、利子率を所与とした内生的貨幣供給を仮定しても、総需要曲線は右肩下がりになる。物価の下落は実質賃金を上昇させるが、消費は賃金所得に依存しているので、需要が拡大するのである。Amitava Krishna Dutt and Peter Skott, 'Keynesian Theory and the Aggregate-Supply/Aggregate-Demand Framework: A Defense', *Easter Economic Journal*, 22(3), 1996, pp.313-331.

(8) ジョージ・アカロフ、アンガス・ディートン、ピーター・ダイアモンド、ロバート・エングル、オリバー・ハート、ダニエル・カーネマン、エリック・マスキン、ダニエル・マクファデン、ポール・ミルグロム、ロジャー・マイヤーソン、エドマンド・フェルプス、ポール・ローマー、ウィリアム・シャープ、ロバート・シラー、クリストファー・シムズ、ロバート・ソロー、ジョセフ・スティグリッツ

(9) 'Open letter from Nobel Laureates in support of economic recovery agenda' Economic Policy Institute, https://www.epi.org/open-letter-from-nobel-laureates-in-support-of-economic-recovery-agenda/

(10) Nouriel Roubini 'From Great Moderation to Great Stagflation', Project Syndicate, August 9, 2022, https://www.project-syndicate.org/commentary/great-stagflation-has-replaced-great-moderation-by-nouriel-roubini-2022-08?barrier=accesspaylog

(11) Alan S. Blinder and Jeremy B. Rudd, 'The Supply Shock Explanation of the Great Stagflation Revisited', CEPS Working Paper, No.176, November, 2008.

第三章　よみがえったスタグフレーション

(1) Chair Cecilia Rouse, Jeffery Zhang, and Ernie Tedeschi, 'Historical Parallels to Today's Inflationary Episode', The White House, July 6, 2021, https://www.whitehouse.gov/cea/written-materials/2021/07/06/historical-parallels-to-todays-inflationary-episode/#:~:text=Supply%20chain%20disruptions%20are%20having%20a%20substantial%20impact%20on%20current%20economic%20conditions.&text=Since%20World%20War%20II%2C%20there,1973%E2%80%9382%2C%20and%202008

(2) Julian di Giovanni, 'How Much Did Supply Constraints Boost U.S. Inflation?', Federal Reserve Bank of New York, August 24, 2022, https://libertystreeteconomics.newyorkfed.org/2022/08/how-much-did-supply-

constraints-boost-u-s-inflation/#:~:text=Our%20analysis%20of%20the%20relative,impact%20of%20this%20higher%20demand

(3)Adam Hale Shapiro, 'How Much Do Supply and Demand Drive Inflation?', Federal Reserve Bank of San Francisco, June 21, 2022, https://www.frbsf.org/economic-research/publications/economic-letter/2022/june/how-much-do-supply-and-demand-drive-inflation/

(4)Jerome H. Powell, 'Monetary Policy and Price Stability' Board of Governors of the Federal Reserve System, August 26, 2022, https://www.federalreserve.gov/newsevents/speech/powell20220826a.htm

(5)Bill Dupor and Rong Li, 'The Expected Inflation Channel of Government Spending in the Postwar U.S.' *European Economic Review*, 74, February, 2015, pp.36-56.

(6)〈世界経済見通し改訂版：陰り見え、不透明感増す〉国際通貨基金、二〇二二年七月

(7)Pierre-Olivier Gourinchas 'Global Economic Growth Slows Amid Gloomy and More Uncertain Outlook' IMF Blog, July 26, 2022, https://www.imf.org/en/Blogs/Articles/2022/07/26/blog-weo-update-july-2022

(8)'Risk of Global Recession in 2023 Rises Amid Simultaneous Rate Hikes' THE WORLD BANK, September 15, 2022, https://www.worldbank.org/en/news/press-release/2022/09/15/risk-of-global-recession-in-2023-rises-amid-simultaneous-rate-hikes

(9)United Nations, *Trade and Development Report 2022*, p.9. https://unctad.org/system/files/official-document/tdr2022_en.pdf

(10)Phillip Arestis and Malcolm Sawyer, 'The Nature and Role of Monetary Policy when Money is Endogenous' *Cambridge Journal of Economics*, 30(6), 2006／鍋島直樹『ポスト・ケインズ派経済学――マクロ経済学の革新を求めて』名古屋大学出版会、二〇一七年、二二〇頁

(11)Charles Goodhart and Manoj Pradhan, 'Demographics Will Reverse Three Multi-Decade Global Trends', BIS Working Papers, No.656, August 2017; Charles Goodhart and Manoj Pradhan, *The Great Demographic Reversal: Ageing Societies, Waning Inequality, and an Inflation Revival*, Palgrave Macmillan, 2020.

(12)加えて、我が国は一九九〇年代、すなわちバブルが崩壊してデフレ圧力が高まっていた時期に、構造改革と称して、規制緩和、自由化、民営化、小さな政府、歳出抑制、消費増税を推進し、一九九八年以降、デフレに突入したが、その後も構造改革を継続した。グローバリゼーションの推進も、構造改革の一環である。しかし、構造改革と称して推進された政策はいずれも、需要を抑制するか、供給を強化する政策、すなわちインフレ対策であった。要するに、日本は、デフレ下において、インフレ対策を継続するという愚行を二十年以上も実施してきたのである。したがって、日本で、少子高齢化によるインフレ圧力にもかかわらず、デフレが続いてきたのは、何ら不思議なことではない。中野剛志『目からウロコが落ちる奇跡の経済教室【基礎知識編】』（KKベストセラーズ）参照のこと。

(13)Dario Caldara and Matteo Iacoviello, 'Measuring Geopolitical Risk', *American Economic Review*, 112(4), 2022.

(14)Greta R. Krippner, *Capitalizing on Crisis: The Political Origins of the Rise of Finance*, Harvard University Press, 2011.

(15)川本卓司・篠崎公昭〈賃金はなぜ上がらなかったのか?〉日本銀行ワーキングペーパーシリーズ、二〇〇九年七月、https://www.boj.or.jp/research/wps_rev/wps_2009/data/wp09j05.pdf

(16)野田知彦・阿部正浩「労働分配率、賃金低下」、樋口美雄（編）『労働市場と所得分配』慶應義塾大学出版会、二〇一〇年、第1章

(17) 厚生労働省〈第2章　経済再生に向けた我が国の課題〉『労働経済白書』二〇一五年版、http://www.mhlw.go.jp/wp/hakusyo/roudou/15/dl/15-1-2_01.pdf

(18) Tirn Vlandas, 'The Political Effects of Ageing on Inflation', *Intereconomics*, 51, 2016.

(19) Michal Kalecki, 'Political Aspects of Full Employment', *Selected Essays on the Dynamics of the Capitalist Economy*, 1933-1970, Cambridge University Press, 1971:138-155／鍋島直樹『ケインズとカレツキ――ポスト・ケインズ派経済学の源泉』名古屋大学出版会、二〇〇一年、第10章

(20) Amit Bhaduri and Josef Steindl, 'The Rise of Monetarism as a Social Doctrine', *Thames Papers in Political Economy*, 1983.

(21) David Harvey, 'Neo-Liberalism as Creative Destruction', *Geografiska Annaler*, 88 (2), 2006, pp.145-158.

(22) Joseph N. Cohen and April Linton, 'The Historical Relationship between Inflation and Political Rebellion, and What It Might Teach Us about Neoliberalism', *MPRA Paper* No.22522, February, 2010.

(23) Janet L. Yellen, 'Macroeconomic Research After the Crisis', 60th Annual Economic Conference, Boston, Massachusetts, October 14, 2016.

(24) Olivier Blanchard, 'Public Debt and Low Interest Rates', Peterson Institute for International Economics, February, 2019, https://www.piie.com/publications/working-papers/public-debt-and-low-interest-rates

(25) 中野剛志『変異する資本主義』（ダイヤモンド社）を参照のこと。

第四章　インフレの経済学

(1) Frank Hahn, 'On Monetary Theory', *The Economic Journal*, 98, December, 1988, pp.957-973.

(2) ニュー・コンセンサスの概要とその問題点については、以下を参考にしている。鍋島直樹『ポスト・ケインズ派経済学』名古屋大学出版会、第五章。Malcolm Sawyer, 'Fiscal and Interest Rate Policies in the "New Consensus"

Framework: A Different Perspective', *Journal of Post Keynesian Economics,* 31(4), 2009.

（3）Michael McLeay, Amar Radia and Ryland Thomas of the Bank's Monetary Analysis Directorate, 'Money Creation in the Modern Economy,' *Quarterly Bulletin* 2014 Q1.

（4）Augusto Graziani, *The Monetary Theory of Production*, Cambridge University Press, 2003; Alain Parguez, and Mario Seccareccia, 'The Credit Theory of Money: The Monetary Circuit Approach', in John Smithin (ed.), *What is Money?*, Routledge, 2000; Alain Parguez, 'A Monetary Theory of Public Finance: The New Fiscal Orthodoxy: From Plummeting Deficits to Planned Fiscal Surpluses', *International Journal of Political Economy*, 32(3), 2002.

（5）L・ランダル・レイ『MMT現代貨幣理論入門』東洋経済新報社、二〇一九年／島倉原『MMT〈現代貨幣理論〉とは何か――日本を救う反緊縮理論』角川新書、二〇一九年

（6）Augusto Graziani, *The Monetary Theory of Production*, Cambridge University Press, 2003: pp.20-21.

（7）マルク・ラヴォア『ポストケインズ派経済学入門』ナカニシヤ出版、二〇〇八年、一五九－一六一頁／鍋島直樹『ポスト・ケインズ派経済学』名古屋大学出版会、六六－六八頁

（8）Michal Kalecki, 'A Theory of the Business Cycle', *Collected Works of Michal Kalecki, Volume I, Capitalism: Business Cycles and Full Employment*, Clarendon Press, 1990, p.318

（9）Janet L. Yellen, 'Macroeconomic Research After the Crisis', 60th Annual Economic Conference, Boston, Massachusetts, October 14, 2016.

（10）財政支出の伸び率と経済成長率との関係は相関関係であって、因果関係ではないという批判があるが、財政支出から経済成長への因果関係を実証する試みとしては、以下を参照されたい。朴勝俊〈タマゴが先かニワトリが先か？：政府支出とGDPのグレンジャー因果性に関する検討〉、PEP Discussion Paper、二〇一三年。また、総需要から経済成長へ

の因果関係に関する実証分析については、以下を参照のこと。Miguel A. León-Ledesma and A.P. Thirlwall, 'The Endogeneity of the Natural Rate of Growth', *Cambridge Journal of Economics*, 26, 2002, pp.441-459.

(11)これらの国々の中に高インフレの国がないというのも、経済成長が財政支出を増やしたという因果関係を推論し難い理由の一つである。財政支出の拡大は、不況時の需要刺激策として行われるものである。しかし、それを好況時に行ったら（経済成長率が高い時に財政支出の伸び率を高めたら）、デマンドプル型の高インフレは必至であろう。

(12)James M. Buchanan and Richard E. Wagner, *Democracy in Deficit: The Political Legacy of Lord Keynes, in The Collected Works of James M. Buchanan*, Vol.8, Liberty Fund, 2000.

(13)L・ランダル・レイ『MMT現代貨幣理論入門』東洋経済新報社、二〇一九年、四六九頁

第五章　恒久戦時経済

(1)Barbara F. Walter, *How Civil Wars Start: and How to Stop Them*, Crown, 2022.

(2)Malcolm Sawyer, *Can the Euro Be Saved?*, Polity, 2018.

(3)Brad Setser, 'Beijing's Debts Come Due: How a Burst Real-Estate Bubble Threatens China's Economy', Foreign Affairs, August 30, 2022; Matthew C. Klein and Michael Pettis, *Trade Wars are Class Wars: How Rising Inequality Distorts the Global Economy and Threatens International Peace*, Yale University Press, 2020, Chapter 4.

(4)Christopher Condon, Heejin Kim, and Sam Kim, 'Yellen Touts "Friend-Shoring" as Global Supply Chain Fix', Bloomberg Asia Edition, July 18, 2022, https://www.bloomberg.com/news/articles/2022-07-18/yellen-touts-friend-shoring-as-fix-for-global-supply-chains

(5) Mariana Mazzucato, *Mission Economy: A Moonshot Guide to Changing Capitalism*, Harper Business, 2021.

(6) Dani Rodrik, *The Globalization Paradox: Democracy and the Future of the World Economy*, W.W.Norton & Company, 2011; Hélène Rey, ‘Dilemma not Trilemma: The Global Financial Cycle and Monetary Policy Independence’, *NBER Working Paper*, 21162, 2018.

(7) Isabella Weber, ‘Could strategic price controls help fight inflation?’, The Guardian, December 29, 2021, https://www.theguardian.com/business/commentisfree/2021/dec/29/inflation-price-controls-time-we-use-it

(8) James K. Galbraith, ‘The Case for Strategic Price Policies’, Project Syndicate, January 21, 2022, https://www.project-syndicate.org/commentary/strategic-price-controls-warranted-to-fight-inflation-by-james-k-galbraith-2022-01

(9) Noah Smith, ‘Why price controls are a bad tool for fighting inflation’, Noahpinion, January 2, 2022.

(10) John Kenneth Galbraith, *A Theory of Price Control*, Harvard University Press, 1980.

(11) John Lafarge, S.J., ‘Letters to The Times; Price Control Recommended Economists Favor Continuation of Act for Another Year’ The New York Times, April 9, 1946, https://www.nytimes.com/1946/04/09/archives/letters-to-the-times-price-control-recommended-economists-favor.html

(12) Hugh Rockoff, *Drastic Measures: A History of Wage and Price Controls in the United States*, Cambridge University Press, 1984.

(13) Walter J. Oakes, ‘Toward a Permanent War Economy?’, *Politics*, February 1944, pp.11-17.

(14) ステファニー・ケルトン『財政赤字の神話——MMTと国民のための経済の誕生』早川書房、二〇二〇年、三三〇頁

(15) Matthew C. Klein 'The Case for Permanent Wartime Economics', *BARRON'S*, June 5, 2020, https://www.barrons.com/articles/the-case-for-permanent-wartime-economics-51591355446

おわりに

(1) オズヴァルト・シュペングラー『人間と技術――生の哲学のために』富士書店、一九八六年、一一九－一二〇頁

著者略歴

中野剛志《なかのたけし》

一九七一年、神奈川県生まれ。評論家。専門は政治経済思想。

東京大学教養学部卒業後、通商産業省（現・経済産業省）に入省。

二〇〇〇年よりエディンバラ大学大学院に留学し、政治思想を専攻。

同大学院より二〇〇五年に博士号を取得。

二〇〇三年、論文 'Theorising Economic Nationalism'（Nations and Nationalism）でNations and Nationalism Prizeを受賞。

著書に『官僚の反逆』『日本の没落』（ともに幻冬舎新書）、『日本思想史新論』（ちくま新書、山本七平賞奨励賞）、『TPP亡国論』（集英社新書）、『変異する資本主義』（ダイヤモンド社）、『奇跡の社会科学』（PHP新書）、『奇跡の経済教室』シリーズ（ベストセラーズ）など。

幻冬舎新書 676

世界インフレと戦争
恒久戦時経済への道

二〇二二年十二月十五日　第一刷発行
二〇二二年十二月三十日　第二刷発行

著者　中野剛志

発行人　見城　徹

編集人　小木田順子

発行所　株式会社　幻冬舎
〒一五一-〇〇五一　東京都渋谷区千駄ヶ谷四-九-七
電話　〇三-五四一一-六二一一（編集）
　　　〇三-五四一一-六二二二（営業）
公式ＨＰ　https://www.gentosha.co.jp/

ブックデザイン　鈴木成一デザイン室

印刷・製本所　中央精版印刷株式会社

Printed in Japan　ISBN978-4-344-98678-7 C0295
な-14-3

＊この本に関するご意見・ご感想は、左記アンケートフォームからお寄せください。
https://www.gentosha.co.jp/e/